FUNDAMENTOS DE PSICOPATOLOGIA PSICANALÍTICA
DA PSICOSE EXTRAORDINÁRIA ÀS FORMAS DA LOUCURA NO COTIDIANO

Editora Appris Ltda.
1.ª Edição - Copyright© 2023 da autora
Direitos de Edição Reservados à Editora Appris Ltda.

Nenhuma parte desta obra poderá ser utilizada indevidamente, sem estar de acordo com a Lei nº 9.610/98. Se incorreções forem encontradas, serão de exclusiva responsabilidade de seus organizadores. Foi realizado o Depósito Legal na Fundação Biblioteca Nacional, de acordo com as Leis nos 10.994, de 14/12/2004, e 12.192, de 14/01/2010.

Catalogação na Fonte
Elaborado por: Josefina A. S. Guedes
Bibliotecária CRB 9/870

L732f 2023	Lima, Claudia Henschel de Fundamentos de psicopatologia psicanalítica : da psicose extraordinária às formas da loucura no cotidiano / Claudia Henschel de Lima. – 1 ed. – Curitiba : Appris, 2023. 189 p. ; 23 cm. – (Saúde mental). Inclui referências. ISBN 978-65-250-5350-9 1. Psicoses. 2. Psicopatologia. 3. Psicanálise. I. Título. II. Série. CDD – 616.89

Livro de acordo com a normalização técnica da ABNT

Appris
editora

Editora e Livraria Appris Ltda.
Av. Manoel Ribas, 2265 – Mercês
Curitiba/PR – CEP: 80810-002
Tel. (41) 3156 - 4731
www.editoraappris.com.br

Printed in Brazil
Impresso no Brasil

Claudia Henschel de Lima

FUNDAMENTOS DE PSICOPATOLOGIA PSICANALÍTICA
DA PSICOSE EXTRAORDINÁRIA ÀS FORMAS DA LOUCURA NO COTIDIANO

FICHA TÉCNICA

EDITORIAL Augusto Coelho
Sara C. de Andrade Coelho

COMITÊ EDITORIAL Marli Caetano
Andréa Barbosa Gouveia - UFPR
Edmeire C. Pereira - UFPR
Iraneide da Silva - UFC
Jacques de Lima Ferreira - UP

SUPERVISOR DA PRODUÇÃO Renata Cristina Lopes Miccelli

ASSESSORIA EDITORIAL Jibril Keddeh

REVISÃO Josiana Araújo Akamine

PRODUÇÃO EDITORIAL Jibril Keddeh

DIAGRAMAÇÃO Jhonny Alves dos Reis

CAPA Eneo Lage

COMITÊ CIENTÍFICO DA COLEÇÃO SAÚDE MENTAL

DIREÇÃO CIENTÍFICA Roberta Ecleide Kelly (NEPE)

CONSULTORES Alessandra Moreno Maestrelli (Território Lacaniano Riopretense)
Ana Luiza Gonçalves dos Santos (UNIRIO)
Antônio Cesar Frasseto (UNESP, São José do Rio Preto)
Felipe Lessa (LASAMEC - FSP/USP)
Gustavo Henrique Dionísio (UNESP, Assis - SP)
Heloísa Marcon (APPOA, RS)
Leandro de Lajonquière (USP, SP/ Université Paris Ouest, FR)
Marcelo Amorim Checchia (IIEPAE)
Maria Luiza Andreozzi (PUC-SP)
Michele Kamers (Hospital Santa Catarina, Blumenau)
Norida Teotônio de Castro (Unifenas, Minas Gerais)
Márcio Fernandes (Unicentro-PR-Brasil)
Maria Aparecida Baccega (ESPM-SP-Brasil)
Fauston Negreiros (UFPI)

A meus pais, por acreditarem na capacidade de transformação humanista pela escola e Universidade pública e por terem proporcionado as condições psicológicas e materiais para que eu pudesse estudar e me tornar pesquisadora.

A Antonio José Alves Junior, por toda a estabilidade que só o amor e a confiança proporcionam.

A meus filhos, que testemunharam minha trajetória profissional com amor, admiração e respeito.

AGRADECIMENTOS

À Universidade Federal Fluminense, meu local de trabalho: sem o investimento na pesquisa em psicopatologia psicanalítica, por meio do Edital Fopesq, este livro não seria possível.

Ao Programa de Pós-Graduação em Psicologia da Universidade Federal do Rio de Janeiro, pela infraestrutura necessária para a condução e avanço da pesquisa em psicopatologia psicanalítica.

Aos pesquisadores que integram o Laboratório de Investigação das Psicopatologias Contemporâneas (Lapsicon) e Laboratório de Psicopatologia Fundamental em Estudos sobre a Subjetividade e Emergências Humanitárias, que, desde o ano de 2011, trabalham arduamente no desenvolvimento científico da psicopatologia psicanalítica.

Em minhas obras, o que me move é principalmente uma responsabilidade para com a linguagem. Eu sou um escritor, trabalho com palavras todos os dias, do mesmo modo que um carpinteiro trabalha com a madeira ou um pedreiro com tijolos. Assim, eu sinto uma responsabilidade para com a linguagem... é meu dever gritar a cada vez que vejo alguém usando uma linguagem contaminada. Quando algumas pessoas chamam outras de 'estrangeiros indesejáveis', 'elementos negativos', 'câncer social' ou 'parasitas', sei que é sempre aí que começa a violência, a perseguição e a crueldade. Daí meu senso de dever de trabalhar como o corpo de bombeiros do idioma, ou como um detector de fumaça... eu preciso gritar fogo! — sempre que leio ou ouço essas palavras que, mais cedo ou mais tarde, vão gerar violência.

(Amoz Óz)

APRESENTAÇÃO

O livro começa com uma epígrafe do escritor Amoz Óz. Eu a escolhi em função da preservação da linguagem, defendida pelo escritor. Defender e clamar por essa preservação é de uma atualidade escandalosa em nossos dias, que aviltam a linguagem, seja por sua redução ao relativismo, seja por sua direção à ofensa — àquilo que Lacan no seminário sobre *O Avesso da Psicanálise* havia pontuado com tamanha precisão como *significante-carniça*.

Testemunhamos a generalização do significante-carniça — que classifica, segrega, ofende e agride — ao longo da história da psiquiatria brasileira. A construção da arquitetura manicomial no Brasil é a prova disso. A violência impressa ao tratamento da psicose e denunciada pelos movimentos trabalhistas no campo da saúde mental, no final dos anos de 1970 até a Reforma Psiquiátrica, encontra-se extensamente relatada e denunciada em artigos, livros e documentos do governo federal brasileiro. Como professora da área de psicopatologia, psicanalista e membra da Associação Universitária de Pesquisa em Psicopatologia Fundamental, tenho a responsabilidade com a linguagem. E como tal, tenho a responsabilidade política de combater, pelo bom combate da ciência, as formas discursivas que se valem da ciência, para incitar e praticar a violência ao próximo: eletroconvulsoterapia, camisa de força e cela-forte foram por muito tempo consideradas como "tecnologia científica" de abordagem e tratamento do paciente psicótico. A psicanálise na Reforma Psiquiátrica representou chave de denúncia de que essa "tecnologia científica" era, na verdade, a forma de segregar a psicose e destruir sua potência de avançar no sentido da estabilização.

A psicopatologia psicanalítica tem a responsabilidade da linguagem: seus conceitos reabilitam a possibilidade de se abordar a psicose à luz da condição humana e de identificar, na psicose, a potência de sua própria estabilização.

As páginas deste livro devem à psicanálise o rigor conceitual na abordagem da complexidade humana que é a clínica da psicose. E o respeito pela linguagem — tão rarefeito nos dias de hoje.

Que a leitura deste livro fortaleça, no leitor — seja ele, estudante, seja profissional — o respeito à linguagem necessário para assumir a clínica do sofrimento subjetivo.

A autora.

SUMÁRIO

**INTRODUÇÃO: NOTÍCIAS DE UMA ÉPOCA
QUE NÃO PODEMOS ESQUECER** 17

CAPÍTULO 1

A PAIXÃO PELO TRANSTORNO 41

1.1 Considerações Iniciais: Um breve panorama da psiquiatria
e da psicopatologia 41

1.2 A paixão pelo transtorno 47

1.3 A progressão do sistema classificatório pelo DSM 51

CAPÍTULO 2

**DOIS MODELOS PSICOPATOLÓGICOS EM PSICANÁLISE
A PARTIR DA CONJUNÇÃO FREUD-LACAN:
O IMAGINÁRIO E O SIMBÓLICO** 55

2.1 Considerações Iniciais: a hipótese da etiologia psíquica
da psicose nos ensina sobre a definição do conceito de estrutura 55

2.2 Caso paradigmático e noção de estrutura 60

2.3 O caso Aimée como paradigmático da etiologia psíquica da psicose 62

2.4 O *caso Aimée* 63

2.5 O modelo psicopatológico centrado no imaginário 67

2.6 O modelo psicopatológico centrado no simbólico 72

2.5.1 A categoria de estrutura 73

2.5.1.1 Primeiro marco: Antissubstancialismo da língua 74

2.5.1.2 Segundo marco: O Outro como tesouro dos significantes 79

2.5.2.2 O conceito de inconsciente à luz da lógica do significante 79

CAPÍTULO 3

O CONCEITO DE FORACLUSÃO – PARTE I 83

3.1 Considerações iniciais 83

3.2 Pensar a falta-a-ser na contraposição da redução
da experiência da loucura a objeto de cuidado 85

3.3 A hipótese de Lacan sobre a causalidade da psicose:
O conceito de foraclusão 88

CAPÍTULO 4

O CONCEITO DE FORACLUSÃO – PARTE II 95

4.1 Considerações Iniciais: a fineza clínica articulada
à psicopatologia psicanalítica 95

4.2 O conceito de foraclusão em *O Seminário. Livro 3.*
As Psicoses (1955- 1956/1986) 98

4.3 O que é foracluído? 101

CAPÍTULO 5

O CONCEITO DE DESENCADEAMENTO 107

5.1 Considerações iniciais 107

5.2 A Contribuição de Clérambault para o conceito de desencadeamento:
a Síndrome S ou Síndrome do Automatismo Mental 110

5.3 A Esquizofrenia Incipiente de Klaus Conrad 114

5.4 O conceito de desencadeamento e a conjuntura de desencadeamento 119

5.5 O Caso Schreber e a pesquisa das condições estruturais
de desencadeamento da psicose 124

CAPÍTULO 6

FENÔMENOS ELEMENTARES 133

6.1 Considerações iniciais 133

6.2 Os fenômenos elementares mentais ou de automatismo mental 135

6.3 Os fenômenos elementares corporais ou de Automatismo Corporal 137

6.4 Os fenômenos elementares que concernem ao sentido e à verdade 141

6.5 Os fenômenos elementares nas formas clínicas da psicose:
paranoia, melancolia, esquizofrenia 142

    6.5.1 Fenômenos elementares na paranoia 143

    6.5.2 Fenômenos elementares na esquizofrenia 146

    6.5.3 Fenômenos Elementares na psicose maníaco-depressiva 147

        6.5.3.1 A Síndrome de Cotard 147

        6.5.3.2 A passagem ao ato suicida 149

6.6 Quando a psicopatologia contemporânea se confunde
com a paisagem cotidiana 150

CAPÍTULO 7

OS IMPASSES QUE A CLÍNICA CONTEMPORÂNEA IMPÕE
AO DIAGNÓSTICO EM PSICOPATOLOGIA:
BORDERLINE, ESTADOS LIMITES, PSICOSES ORDINÁRIAS 153

7.1 Considerações iniciais. 153

7.2 O campo da psicopatologia contemporânea 154

7.3 A denominação de *Borderline* 157

7.4 O conceito de *estados-limites* 163

7.5 Psicose Ordinária 164

7.5.1 Uma proposta de índices para o diagnóstico de psicose

em casos de não desencadeamento. 167

7.5.1.1 Certeza 168

7.5.1.2 Dúvida 170

7.5.1.3 O *continuum* da estrutura cronológica e histórica 171

7.5.1.4 Presença de momentos definidores que produzem

uma distinção entre "antes e depois" 172

7.5.1.5 Revelação 172

7.5.1.6 Xenopatia 173

7.5.1.7 Ironia. 174

7.5.1.8 Localização atípica da pulsão (invasão pulsional ou de gozo) 174

REFERÊNCIAS 177

INTRODUÇÃO: NOTÍCIAS DE UMA ÉPOCA QUE NÃO PODEMOS ESQUECER

Este livro foi concebido durante o ano de 2020, no contexto da pandemia de Covid-19 e de um governo que, no caso brasileiro, desenvolvera uma atitude negacionista com relação à gravidade da situação, posicionando-se na contramão das recomendações da Organização Mundial da Saúde (OMS) e da Organização das Nações Unidas (ONU) para a prevenção, combate e tratamento da infecção viral e difundindo pseudociência com tratamento *off-label* para a Covid-19.

O tema deste livro — a psicose extraordinária ou psicose desencadeada e sua forma clínica contemporânea, que pode se confundir com a paisagem de uma certa normalidade ou, no máximo, extravagância — foi inspirado na conjuntura duplamente emergencial da pandemia, somada e da forma como o governo brasileiro se comportou em sua tomada de decisão a respeito de sua prevenção e tratamento. À época, as universidades de todo o país migraram sua forma de funcionamento para o modo remoto, com expedientes administrativo, de pesquisa e ensino ocorrendo em espaços virtuais. Nessa época, a pergunta que surgiu para a autora deste livro foi: como garantir que o ensino de psicopatologia ministrado no curso de graduação em psicologia preservasse a seriedade dos princípios científicos a despeito do espaço virtual, das dificuldades psicossociais que afetavam a todos — docentes e estudantes — e da própria incerteza em que vivíamos com o número crescente de mortes, a crise de Manaus e o patamar de 690.000 mortes?

Este livro traz, nas suas entrelinhas, cada morte anunciada, cada perda vivida, cada incerteza que impulsionava ao desalento, à melancolia e à desistência. E essa introdução dá o testemunho disso com uma retomada do que Henschel de Lima (2021) denominara de *história psicossocial e clínica das emergências humanitárias*. Essa denominação define o registro sistematizado das pesquisas, informações, ações de governo, estudos de caso, testemunhos, que possibilitem traçar uma história sobre o impacto do contexto de emergências humanitárias — e, mais especificamente, da Covid-19 — na saúde mental das populações. Com isso, a abordagem do livro pretendeu assinalar a indissociabilidade entre o campo de investigação das psicopatologias e a conjuntura social, econômica e política de uma época, seguindo a orientação de Freud em *Psicologia das Massas e Análise do Eu* (1921/1987) de que não existe psicologia individual divorciada de uma psicologia social.

***

A psicopatologia psicanalítica traz, como diferencial, a possibilidade de transmissão de uma perspectiva histórica e conceitual do surgimento da psicanálise, a partir da relação com a ciência e a forma como certas ideias pré-concebidas acabam por conviver com a ciência. De fato, é preciso ressaltar os problemas que o sofrimento psíquico contemporâneo coloca para todo aquele que se dedica à formação em Psicologia. Por isso, é importante traçar um panorama da direção de tratamento de formas de sofrimento psíquico contemporâneo (em especial, a depressão, a anorexia, a autolesão ou *cutting* e o recurso à droga). Conforme estudaremos neste livro, essas formas de sofrimento são denominadas, nos manuais de diagnóstico em psiquiatria, como *transtornos* em função de suas características monossintomáticas. Assim, a hegemonia do uso de drogas denomina o transtorno por uso de substâncias, a hegemonia da recusa do alimento denomina a anorexia no campo dos transtornos alimentares, a hegemonia do humor triste denomina a depressão. Essas características monossintomáticas são comportamentais e são classificadas como *transtornos*.

A psicanálise do sujeito no percurso da interrogação científica

Um outro ramo muito mais significativo de investigação psicológica originário da psiquiatria permanece notavelmente isolado e desconectado, embora mereça mais que qualquer outro campo da psicologia ser chamado de científico [...] por mais que rejeitemos o edifício teórico construído por Sigmund Freud e Carl Jung, [...] não pode haver dúvida de que ambos foram observadores talentosos que assinalaram pela primeira vez certos fatos irrevogáveis e inalienáveis do comportamento coletivo humano.

(Konrad Lorenz)

Não é raro encontrar em defensores de uma clínica dos transtornos, formulações do tipo *a psicanálise está morta* ou *a psicanálise não é uma ciência* contrariando, assim, por exemplo, a consideração de um nome importante da ciência etológica como Konrad Lorenz.

Essas afirmações são tributárias do debate, ocorrido no século XIX, a respeito do método nas ciências da natureza (*Naturwissenschaft*) e nas ciências do espírito (*Geisteswissenschaften*) ou ciências humanas. O debate teve sua razão de ser em uma disputa entre dois campos da ciência: de um lado, as ciências da natureza (a física e a química); de outro, as ciências humanas (história, etnologia, psicologia), que exigia um método específico para um objeto também específico. O que esse debate escondia, era que ambas — *Naturwissenschaft* e *Geisteswissenschaften* — eram produtos da razão. Trata- se, então, de uma disputa de método baseado no falso problema de que as ciências da natureza, por investigarem a natureza, não se referem ao homem. A presença desse falso problema indica que nada é tão simples na história das ciências.

A fundação da física-matemática no século XVII, por Galileu Galilei, colocara a razão no centro da investigação da natureza. Essa mesma razão permitiu a constituição da biologia na passagem do século XIX para o século XX, a fundação da psicanálise na virada do século XIX para o século XX e o avanço da neurociência a partir da década de 1980.

Quando investigamos a pesquisa de Freud com atenção e profundidade, testemunharemos a publicização da hipótese, formulada por ele, em *A Hereditariedade na Etiologia das Neuroses* (1896/1987i): o fator da hereditariedade como precondição para o desencadeamento das neuroses. Para Freud, orientado pela *epistémè* científica do século XIX, a importância da predisposição hereditária estava comprovada pelo fato de que causas específicas, agindo em um indivíduo, não produziam efeito patológico manifesto; ao passo que em outro indivíduo, com alguma predisposição, provocariam o desencadeamento da neurose. É fundamental entendermos a referência de Freud no contexto cultural do século XIX: a ação da hereditariedade torna o sujeito mais vulnerável à interferência das causas específicas da neurose. Não discutirei a consistência dessa hipótese do início da obra de Freud, mas deixo aqui o registro de que quando analisamos a história da ciência e insistimos em uma posição da psicanálise como fora da ciência, estaremos cometendo o erro de não considerar:

1. O avanço da ciência biológica da época de Freud.
2. A consistência das hipóteses freudianas no quadro desse avanço.
3. A especificidade que fundamenta a elaboração do conceito de inconsciente.

Hoje, avanços no campo das neurociências, e no campo da tecnologia de imageamento cerebral, evidenciam a consistência da hipótese freudiana do inconsciente, do universo das lembranças e representações psíquicas, resultando em objeto de programas de pesquisa (GAILLARD *et al.*, 2009). Um exemplo se refere às representações psíquicas inconscientes e à ação de um processo psíquico que as constitui. Estudos que utilizam ressonância magnética funcional evidenciam hoje que a ação do recalcamento de lembranças, de representações psíquicas, têm correlatos neurais (ANDERSON *et al.*, 2004; DEPUE *et al.*, 2007, RIBEIRO, 2013): trata-se de uma desativação do hipocampo e da amígdala, regiões cerebrais dedicadas, respectivamente, à memória e às emoções, por meio da ativação de regiões do córtex pré-frontal relacionadas à intencionalidade.

O que acontece com a psiquiatria atual, com a concentração de seu interesse em torno da clínica dos transtornos, é o esquecimento da interrogação científica a respeito da natureza da interação entre cérebro e psiquismo e a insistência em reduzir essa interrogação a uma resposta reducionista, que posiciona o psiquismo como resultado do funcionamento cerebral. Nesse sentido, cabe retomar a posição assumida pelo filósofo analítico e professor da Universidade de Berkeley, John Searle (1998), a respeito da natureza da pesquisa sobre o cérebro e a mente como exemplo preciso do reducionismo operado sobre a interrogação científica, na passagem do século XX para o século XXI:

> Este dualismo entre a mente consciente e a matéria [...] foi útil para a pesquisa científica da época [...]. Mas tal dualismo se tornou um obstáculo para o século XX, já que parecia situar a consciência e outros fenômenos mentais fora do mundo físico ordinário e, por conseguinte, fora do domínio da ciência natural. No meu ponto de vista, temos de abandonar o dualismo e começar do pressuposto de que a consciência é um fenômeno biológico trivial, comparável ao crescimento, à digestão ou à secreção da bílis (SEARLE, 1998, p. 34).

Searle (1998) oferece uma resposta reducionista à interrogação científica a respeito da interação entre cérebro e psiquismo. E deixo claro que essa posição reducionista não compõe a ética do cientista. Essa ética se fundamenta na interrogação e na formulação de hipóteses e não em afirmações reducionistas. Para um estudante de Psicologia, para um estudante da disciplina de Psicopatologia, o alerta em relação a posições reducionistas é muito importante.

A Psicopatologia, enquanto método e disciplina, nascida no início do século XX, com o filósofo Theodule Ribot e consolidada em 1913 com a publicação do curso de *Psicopatologia Geral*, escrito por Karl Jaspers, traz em sua história a força viva da interrogação científica a respeito da natureza da interação entre cérebro e psiquismo, a respeito do funcionamento da psicose no quadro dessa interação. O que temos, atualmente, é a presença hegemônica de uma posição reducionista que dispensa a psicopatologia em nome da clínica dos transtornos, do *mental disorder*. Rose (2013) localiza a consolidação de uma hipótese sobre o *mental disorder* em torno de indícios biológicos:

> Por volta dos anos 1990, uma mudança fundamental havia acontecido no pensamento e na prática psiquiátrica [...] Uma forma de pensar assumiu corpo, e uma crescente proporção de psiquiatras encontra dificuldade de pensar de outra maneira. Nessa maneira de pensar, todas as explicações de patologia mental devem 'passar através' do cérebro e de sua neuroquímica — neurônios, sinapses, membranas, receptores, canais de íons, neurotransmissores, enzimas, etc. Agora, pensa-se que o diagnóstico é mais acurado quanto mais pode ligar sintomas a anomalias em um ou mais desses elementos. [...] Poucas décadas atrás, tais alegações pareceriam extraordinariamente ousadas; para muitos pesquisadores médico-psiquiatras e profissionais, elas agora parecem 'apenas senso comum' (ROSE, 2013, p. 305-306).

A categoria de *transtorno*, conforme estudaremos, não equivale ao que Freud denominara como *neurose e psicose*, e ao que Lacan denominou por meio da categoria de *estrutura*. A referência da psicanálise inclui, exatamente:

1. A dimensão das paixões, do *páthos*, teorizada por Freud por meio do conceito de *pulsão*.
2. A forma de gestão das pulsões pelo campo social.
3. A subjetividade que lhe é correlata, teorizada por Freud por meio do conceito de *inconsciente*.

A psicologia individual é uma psicologia social: a psicanálise coloca a interrogação científica sobre a relação entre subjetividade e campo social

O referencial da psicanálise, que fundamenta minha própria carreira como professora e pesquisadora, extravasa os limites de uma investigação clínica do sofrimento psíquico centrada em "quatro paredes e um divã". É um referencial que permite pensar os fundamentos da própria relação social e do funcionamento subjetivo no seio da relação social, segundo a fórmula apresentada por Freud em *Psicologia das Massas e Análise do Eu* (1921/1987) de que toda psicologia individual é uma psicologia social. Com essa fórmula, Freud esclarece que a constituição da subjetividade e sua adesão a normas, valores e regras da sociedade está em íntima conformidade com a gestão dos afetos, com a gestão das pulsões, com os afetos que essas normas, valores e regras permitem circular. Em verdade, essa formulação torna específico o modo de investigação da etiologia dos sintomas da histeria na passagem do século XIX para o século XX, na medida em que o fundador da psicanálise observara que esses sintomas decorriam das formas de gestão da sexualidade no século XIX. Nesse sentido, o texto *Moral Sexual Civilizada e Doença Nervosa Moderna* (1908/1987) é, particularmente, relevante em demonstrar essa conexão entre formas de apresentação do sintoma e gestão dos afetos pelo campo social de sua época:

> Nossa civilização repousa, falando de modo geral, sobre a supressão das pulsões. Cada indivíduo renuncia a uma parte dos seus atributos: a uma parcela do seu sentimento de onipotência ou ainda das inclinações vingativas ou agressivas de sua personalidade. Dessas contribuições resulta o acervo cultural comum de bens materiais e ideais. [...] essa renúncia, [...] tem progressivamente aumentado com a evolução da civilização. Cada nova conquista foi sancionada pela religião, cada renúncia do indivíduo à satisfação pulsional foi oferecida à divindade como sacrifício, e foi declarado 'santo' o proveito assim obtido pela comunidade. Aquele que em consequência de sua constituição indomável não consegue concordar com a supressão da pulsão, torna-se um 'criminoso', um 'outlaw', diante da sociedade (FREUD,1908/1987, p. 192).

Essa consideração de Freud (1908/1987) nos leva a pensar como, em um primeiro momento de sua obra, anterior à 1ª Guerra, a experiência do mal-estar na civilização, presente nas neuroses, sustentava-se sobre o conflito entre o afeto libidinal, e o Eu enquanto modelo de organização psíquica, de unidade e de relação, ou seja, entre a pulsão e o caráter restritivo dos processos de constituição da subjetividade.

Se avançarmos na obra de Freud na direção de textos concomitantes à 2ª Guerra, observaremos a intuição que o acompanha com relação à humanidade. A clínica da esquizofrenia, trabalhada longamente em *Sobre o Narcisismo: Uma Introdução* (1914/1987l) o coloca diante da esquizofrenia — uma forma clínica da psicose — que revelava:

1. A especificidade do processo psíquico de identificação ao Ideal como base para a constituição do eu.

2. A retração do investimento pulsional para o eu, na psicose, como decorrente de uma perturbação na formação do Ideal.

O mesmo se verifica em *Luto e Melancolia* (1917/1987), que demonstra como o afeto da melancolia exprime a sujeição do psiquismo à sombra da retração pulsional. Ambos os textos, escritos no contexto da 1ª Guerra, trazem a originalidade de serem os marcos conceituais de uma teorização sobre o processo de constituição do eu, no campo da Psicologia. Mas trazem, também, a originalidade de posicionar a constituição do eu na dependência do Ideal social e do processo de gestão da pulsão, revelando sua dimensão de alienação. Essa dimensão da alienação do eu ao Ideal será central na elaboração de sua crítica à 1ª Guerra e seu impacto no próprio funcionamento subjetivo, tal como pode ser lido em *Reflexões sobre os Tempos de Guerra e Morte* (1915/1987t, p. 316):

> É compreensível que o cidadão do mundo civilizado a quem me referi possa permanecer desamparado num mundo que se lhe tornou estranho — sua grande pátria desintegrada, suas propriedades comuns devastadas, seus concidadãos divididos e vilipendiados.

Da leitura deste trecho, conclui-se como uma emergência humanitária do porte da 1ª Guerra impacta no funcionamento subjetivo. Destaco os seguintes impactos mencionados por Freud (1915/1987t):

1. Desamparo.

2. Sentimento de desintegração social.

3. Divisão.

4. Desapontamento.

Podemos incluir um outro impacto: *melancolização*, traduzido como o terrível sentimento de responsabilização excessiva por esferas da vida, centrais na sociedade — educação e saúde, por exemplo.

São impactos subjetivos muito graves, que não podem ser desprezados como variáveis estranhas à pesquisa científica. Deixando esse ponto para um momento posterior desse texto, deixo aqui marcada como a divisão entre ciências da natureza e ciências humanas é uma divisão equivocada, que inviabiliza enxergar como as ciências humanas e sociais são um avanço do espírito científico. A emergência humanitária pela qual passamos atualmente, da Covid-19, é um exemplo preciso de como essa divisão não faz sentido. O editorial de 23 de março de 2020, da London School of Economics and Political Science, intitulado *Social Science in Time of Social Distancing*, afirma que as medidas de saúde pública para prevenção da propagação do Sars-Cov-2 (desde a higiene das mãos até o distanciamento social e as medidas de *lockdown*) exigem a investigação social, assim como as diferentes reações ao desencadeamento da Covid-19 no mundo (desde o medo de contaminar e ser contaminado até o negacionismo) exigem a investigação dos mecanismos psicológicos subjacentes a essas reações:

> En esta pandemia que lleva aparejada una oleada de bulos y desinformación, los psicólogos explican los mecanismos que están detrás de estas acciones y cómo nuestro cerebro está influido por los sesgos y por el miedo, lo que puede provocar que bajemos la guardia ante bulos o que procesemos mal los contenidos verídicos.[1]

Emergências Humanitárias como cenário que exige a investigação científica

Duas relações de cooperação interinstitucional com universidades brasileiras foram firmadas, no período de 2020 e 2022, entre o Programa de Pós-Graduação em Psicologia da UFRJ, o Departamento de Psicologia da UFF (Campus de Volta Redonda), a Universidade Federal do Pará e a Universidade de São Paulo — tendo vinculadas a elas 13 projetos de pesquisa de mestrado e doutorado e quatro projetos de iniciação científica. A partir do material clínico obtido junto à atividade de supervisão clínica, formulou-se os seguintes problemas de pesquisa: como uma crise humanitária/sanitária impacta no funcionamento psíquico? De que forma ela agrava formas preexistentes de sofrimento psíquico? No que se refere à psicopatologia psicanalítica, há que se acrescentar a esses problemas o fato de se referirem aos processos psíquicos. Assim, quais são processos psíquicos mobilizados em uma situação de crise humanitária/sanitária?

---

[1] "Nesta pandemia que é acompanhada por uma onda de boatos e desinformação, os psicólogos explicam os mecanismos por trás dessas ações e como nosso cérebro é influenciado por preconceitos e medo, que podem nos fazer baixar a guarda contra boatos ou que processamos mal o conteúdo verdadeiro". Disponível em: https://blogs.lse.ac.uk/impactofsocialsciences/2020/03/23/editorial-social-science-in-a-time-of-social-distancing/. Acesso em: 12 maio 2021.

A primeira relação de cooperação interinstitucional se deu entre abril e dezembro de 2020, com o projeto de extensão "Clínica Psicológica Virtual da Universidade Federal do Pará: Atendimento Psicológico na Pandemia de COVID-19", do Programa de Pós-Graduação em Psicologia da Universidade Federal do Pará (PPGP/UFPA). A atividade de um ano como supervisora-participante de casos clínicos, cuja urgência principal era a estabilização de situações associadas a Covid-19, permitiu identificar uma série de fenômenos clínicos associada aos meses iniciais da pandemia de Covid-19, bem como a fragilização de estratégias psíquicas que permitiriam lidar com essa conjuntura — em especial o reconhecimento de que o isolamento social preveniria a população quanto à contaminação viral. Ao final dessa relação de cooperação, alguns fenômenos clínicos merecem destaque:

1. Os diferentes graus de declínio do sentimento de vida — desde a falta de energia associada a ruptura do horizonte de futuro, com desinteresse por manter atividades diárias, dificuldade em manter atividades de rotina, até a ideação suicida; a irrupção de estados depressivos e angústia, bem como o medo de se contaminar e de contaminar outros.

2. O desencadeamento dos sentimentos de desalento, frustração e depressão, e da desintegração social, associados à ambiguidade e à falta de clareza na transmissão de informações sobre a pandemia de Covid-19 à população. A observação desses fenômenos clínicos no desenvolvimento da atividade de supervisão clínica motivou a formulação da interrogação acerca do funcionamento psíquico mobilizado pela conjuntura da pandemia sugerindo que o impacto da Covid-19 é catastrófico no ponto em que fragiliza estratégias subjetivas estabilizadoras.

A partir de março de 2021, uma nova parceria interinstitucional foi estabelecida — dessa vez com o Instituto de Psicologia da USP, por meio do Projeto "Apoiar online" (Laboratório de Saúde Mental e Psicologia Clínica Social — Instituto de Psicologia, USP), para supervisão dos casos atendidos exclusivamente por meio de tecnologias de informação e comunicação (TIC). Da mesma forma que na parceria interinstitucional anterior, a supervisão identificou fenômenos clínicos similares àqueles que foram identificados durante a supervisão clínica de casos clínicos junto ao projeto de extensão da UFPA. O Quadro 1 elenca os fenômenos clínicos identificados.

Quadro 1 – Fenômenos clínicos relatados pelos pacientes junto ao Projeto Apoiar

Experiência de angústia/pânico
Sentimento de medo intenso
Exclusão e rejeição associados ao isolamento prolongado
Compulsão alimentar/dificuldade de se alimentar
Dificuldade de dormir/insônia
Desestabilização de sintomas obsessivos de planejamento, antecipação e controle
Exaustão
Declínio do sentimento de vida
Vontade de morrer
Declínio do interesse por atividades diarias
Sentimento de vazio
Perda do horizonte de futuro
Hiper-responsabilização subjetiva tanto pelo momento atual de situação econômica em que se encontra, como pelo cuidado e sustento das pessoas mais próximas

Fonte: a autora

Esses fenômenos clínicos estão, algumas vezes, acompanhados da intensificação do uso de substâncias psicotrópicas (ansiolíticos e antidepressivos), sugerindo que a fragilização das estratégias para lidar com a situação pandêmica pressiona o funcionamento psíquico na direção de encontrar, por meio da substância psicotrópica, um substituto. A observação desses fenômenos clínicos recolocou, para mim, a interrogação sobre a especificidade etiológica do recurso à droga, da anorexia e da autolesão à luz da emergência humanitária provocada pela pandemia de Covid-19, a partir de dois novos elementos que podem agravar condições clínicas preexistentes: o estresse severo sobre o funcionamento psíquico e a fragilização das estratégias psíquicas para lidar com a emergência humanitária. Esses dois elementos impõem, para o campo da psicopatologia, a necessidade de interrogar de que forma a pandemia e o isolamento social impactam como estressores psíquicos sobre o funcionamento subjetivo.

Covid-19

A Covid-19 irrompeu no mundo em dezembro de 2019. Provocada pelo vírus SARS-COv-2, primeiramente, fora localizada como uma epidemia regional localizada na província de Wuhan, na China, e comunicada pela primeira vez à Organização Mundial de Saúde (OMS) em 31 de dezembro de 2019. Em 30 de janeiro de 2020, a OMS declara o surto da Covid-19, como uma *emergência de saúde pública de magnitude e importância internacional* — o mais alto nível de alerta da OMS. Em 9 de março de 2020, o governo italiano anuncia medidas emergenciais severas de contenção do vírus; em 11 de março de 2020, a OMS decreta como pandêmica a Covid-19. Desde então, o mundo é atravessado por uma nova emergência em saúde pública, com o mais alto risco de contaminação de todo o mundo.

Da Ásia à Europa, à África e à América do Norte e América Latina, foram apenas três meses, sucumbindo o mundo em uma emergência humanitária veloz, dado o grau de contaminação do vírus e, em alguns casos, dado o grau de severidade podendo levar a óbito. A contaminação ocorre por meio do contato com aerossóis, podendo ainda ocorrer por meio do contato com superfícies contaminadas. Ressalto o grau elevado de sua taxa de transmissão: cada uma pessoa infectada, infecta três pessoas, produzindo a sobrecarga dos sistemas de saúde até seu colapso no mundo todo. Com relação ao registro do avanço da contaminação e do número de óbitos, especificamente no Brasil, mesmo considerando a subnotificação, os dados oficiais indicam o crescente aumento no número de casos. Assim, a Covid-19 impôs a urgência da formulação de políticas públicas de redução dos efeitos de sua taxa de contaminação, bem como de seus efeitos mais graves sobre a saúde física das populações até o óbito.

Saúde Mental em emergências humanitárias

Epidemias, pandemias, guerras e desastres naturais compõem o que a Organização Mundial da Saúde (OMS) definira como sendo o quadro das emergências humanitárias. Sabemos, pelos registros históricos da 1ª Guerra, a relevância da preocupação com a irrupção do sofrimento psíquico. Um testemunho particularmente importante é o de Freud, em dois momentos precisos de sua reflexão sobre a 1ª Guerra. No contexto imediato de sua eclosão, ele escrevera *Reflexões para os Tempos de Guerra e Morte* (1915/1987t), em que identificara a mudança de atitude que a guerra produzia no sentimento de alheamento do mundo:

> Essa atitude estava longe de ser direta. A qualquer um que nos
> desse ouvidos nós nos mostrávamos, naturalmente, preparados
> para sustentar que a morte era o resultado direto da vida e que
> cada um de nós deve à natureza uma morte e deve esperar
> pagar essa dívida. Em suma que a morte é natural, inegável e
> inevitável. Na realidade, contudo, estávamos habituados a nos
> comportar como se fosse diferente. Revelávamos uma tendên-
> cia inegável para pôr a morte de lado, para eliminá-la da vida,
> tentando silenciá-la. Na realidade dispomos até mesmo de um
> provérbio *Pensar em alguma coisa como se fosse a morte*, isto é,
> como se fosse a nossa própria morte, naturalmente. De fato,
> é impossível imaginar a própria morte, ou dizendo a mesma
> coisa de outra maneira: no inconsciente, cada um de nós está
> convencido de sua imortalidade (FREUD, 1915/1987t, p. 85).

A fineza da análise de Freud (1915/1987t) acerca do impacto da Guerra sobre a subjetividade foi notável ressaltando, em especial, o efeito que um acontecimento histórico dessa amplitude teve sobre a forma como o ser humano se relaciona com sua própria finitude, com o que, posteriormente, Freud denominará de *desamparo* (Freud, 1926[1925]/1987): conduzindo o ser humano, do sentimento narcísico de imortalidade ao risco iminente de destruição. Em outro momento, em *Linhas de Progresso da Técnica Psicanalítica,* conferência realizada já no contexto imediato do final da 1ª Guerra, Freud (1919[1918]/1987) aprofunda essa reflexão, ressaltando como as sequelas de uma guerra são tão importantes quanto as perdas sofridas. Alertando para a miséria do mundo que se aprofundava para a humanidade naquela época, com o aumento dos casos de neurose e da eclosão do sentimento de angústia, Freud (1919[1918]/1987) prevera, na contramão de qualquer otimismo ilusório quanto ao futuro, uma equivalência epidêmica dessas formas de sofrimento psíquico à própria tuberculose. E não se equivocou.

Poucos mais de 100 anos se passaram e o discurso do secretário-geral da Organização das Nações Unidas (ONU), António Guterres, para o lançamento do relatório "COVID-19 and the Need for Action on Mental Health", em 13 de maio de 2020, não se separa da previsão de Freud ao deixar claro que, apesar da pandemia de Covid-19 ser uma crise de saúde física, ela produz uma ampla crise de saúde mental com potencial de agravamento da miséria do mundo:

> [...] luto pela perda de entes queridos, choque com a perda de
> empregos, isolamento e restrições à circulação, dinâmicas
> familiares difíceis, incerteza e medo do futuro. Problemas de

saúde mental, incluindo depressão e ansiedade, são algumas das maiores causas de miséria no nosso mundo. [...] Após décadas de negligência e de investimento insuficiente em serviços de saúde mental, a pandemia de COVID-19 está a atingir famílias e comunidades com um stress mental adicional. [...] Mesmo quando a pandemia estiver sob controle, a dor, a ansiedade e a depressão continuarão a afetar as pessoas e as comunidades. [...]. Os serviços de saúde mental são uma parte essencial de todas as respostas do governo à COVID-19. [...] Apelo aos governos, à sociedade civil, às autoridades de saúde, e a outros, que reúnam com urgência para abordar a dimensão da saúde mental desta pandemia (GUTERRES, 2020, s/p).

No caso específico de epidemias/pandemias, os últimos 40 anos testemunhou como a humanidade viveu sob a pressão de epidemias/pandemias virais com forte impacto sobre a saúde mental de indivíduos e comunidades. O Quadro 2 apresenta sinteticamente um traçado histórico das epidemias que irromperam no mundo a partir da década de 1980[2].

Quadro 2 – Breve histórico de epidemias/pandemias a partir da década de 1970 no mundo e no Brasil

Epidemias/Pandemias	Ano
Meningite	1974
HIV/Aids	1980-1990
Sars	2002-2003
H1N1 (pandemia de Influenza)	2009
Ebola	2013
Zika	2016
Covid-19	2019

Fonte: a autora

O conhecimento acumulado, até a atualidade, sobre emergências humanitárias/sanitárias e intervenções psicológicas em saúde mental, estava disponível para orientação global antes da irrupção da pandemia, sendo fundamental para a elaboração de diretrizes de enfrentamento à Covid-19. Exemplos

---

[2] A título de curiosidade, em 2012 foi identificado o vírus Mers-CoV, responsável pela Síndrome Respiratória do Oriente Médio e membro da família do coronavírus. Não houve, até o momento, uma epidemia de Mers no mundo.

disso são o *Mental Health Gap Action Programme*, elaborado pela OMS (2015), o *Social Science in Epidemics: Influenza and SARS. Lessons Learned* (RIPOLL; WILKINSON, 2019) e o *Guia de Intervenção Humanitária (GIH-mhGAP): Manejo Clínico de Condições Mentais, Neurológicas e por Uso de Substâncias em Emergências humanitárias/sanitárias* (OPAS, 2020) — dando destaque especial para o documento de Ripoll e Wilkinson (2019) e da Opas (2020).

O *Social Science in Epidemics: Influenza and SARS. Lessons Learned* (RIPOLL; WILKINSON, 2019) apresenta 15 lições importantes extraídas das epidemias de Sars e H1N1 e que podem se verificar para a Covid-19. O Quadro 3 apresenta sinteticamente o enunciado dessas lições.

Quadro 3 – As 15 lições aprendidas com a Sars e H1N1 para o enfrentamento da Covid-19

1. Os vírus da pandemia de H1N1 e da Sars tem maior probabilidade de surgir e se espalhar em ambientes com aglomeração de animais (aves e suínos) e/ou humanos.
2. O tamanho da fazenda e a intensidade da produção de porcos e aves determinam o risco de H1N1; as medidas de controle podem ter impactos desproporcionais em fazendas de menor risco.
3. Os sistemas de vigilância podem ser fortalecidos com a inclusão de profissionais de saúde não biomédicos e insumos não relacionados à saúde.
4. Os sistemas de vigilância devem incorporar o fato de que a H1N1 e a Sars envolvem um conjunto de sintomas que podem ser mencionados em diferentes termos e categorias, dependendo das origens culturais.
5. A velocidade de transmissão irá variar por cepa, e isso pode contrastar com ideias locais de transmissão e risco.
6. A vulnerabilidade à infecção e mortalidade por H1N1 é moldada por fatores biológicos e sociodemográficos.
7. As mensagens de prevenção de riscos devem ser baseadas em valores compartilhados e entregues por intermediários confiáveis.
8. Relações históricas e políticas podem indicar que grupos específicos correm o risco de estigmatização em uma pandemia de H1N1.
9. Reter informações do público é potencialmente muito prejudicial.
10. As abordagens que valorizam ações voluntárias são preferíveis às abordagens coercitivas, ao buscar conformidade com as restrições de movimento, quarentena e distanciamento social.

11. As pessoas podem buscar tratamento para H1N1 ou Sars de sistemas de saúde alternativos.
12. Os sistemas de triagem, hospitalização e alocação de recursos precisam ser transparentes.
13. As experiências dos profissionais de saúde precisam ser consideradas com cuidado.
14. Preparar provedores mortuários e funerários para mortalidade em massa e garantir que as práticas funerárias reconciliem as preocupações de saúde pública com as necessidades sociais e emocionais das comunidades.
15. As atitudes em relação à segurança e à eficácia da vacina variam, e como a vacinação é implementada, em uma pandemia, pode aumentar a desconfiança.

Fonte: adaptado de Ripoll e Wilkinson (2019)

A leitura das lições deixa evidente a necessidade de inclusão de cuidados psicológicos relacionados a perdas humanas e a transmissão da informação sobre a infecção viral, sobre a gravidade da infecção e sobre as formas de prevenção e acesso a vacinas. Isso significa que uma emergência humanitária, seja ela uma guerra, seja uma pandemia, afeta diretamente a saúde mental das populações. O documento da Opas (2020) — "Guia de Intervenção Humanitária (GIH-mhGAP): Manejo Clínico de Condições Mentais, Neurológicas e por Uso de Substâncias em Emergências humanitárias/sanitárias" — dá especial destaque aos impactos de emergências humanitárias/sanitárias na saúde mental de populações:

1. O agravamento de sofrimentos psíquicos preexistentes — como é o caso do transtorno depressivo moderado a grave, da psicose e do uso prejudicial de álcool e outras drogas.

2. O desencadeamento de outras formas de sofrimento, diretamente decorrentes da exposição humana às condições de emergência humanitária, como é o caso do estresse agudo, luto e do transtorno de estresse pós-traumático.

O guia é, ainda, preciso no ponto em que alerta para o fato de que o conjunto de formas de sofrimento psíquico preexistentes, e agravado por situações humanitárias emergenciais, ou desencadeado por elas, apresenta risco de autolesão e suicídio. Nesse sentido, a própria OMS (2020) vem estabelecendo orientações à população mundial no sentido de reduzir a ansiedade desse período, recomendando ainda o evitamento de determinadas estratégias de *coping* ou *enfrentamento*, para lidar com as situações de saúde mental — como é o caso do uso de substâncias psicoativas. O GIH-mhGAP (Opas, 2020) é corroborado pelo próprio quadro sintomático já identificado no primeiro trimestre de uma emergência humanitária tal como é apresentado pelo documento da Fiocruz (2020) — "Saúde mental e Atenção psicossocial na Pandemia COVID-19: Recomendações Gerais". O documento prevê a ocorrência de reações similares na pandemia de Covid-19, considerando a data de início do primeiro trimestre em cada região:

1. Medo: de adoecer e de morrer pela doença; de infectar outras pessoas; de perder entes queridos; de perder os meios de subsistência e a renda; de ser excluído socialmente ou por ter a doença ou por ser um profissional da linha de frente.

2. Sensações de: incerteza quanto ao futuro, impotência frente aos acontecimentos, desamparo, solidão, tristeza, luto e ansiedade.

3. Alterações comportamentais: alimentares (ter mais apetite ou menos apetite), no sono (insônia ou sono em excesso, pesadelos).

4. Agravamento de conflitos interpessoais com familiares, bem como nas relações de trabalho.

5. Alterações no pensamento: pensamentos recorrentes sobre a pandemia, a saúde dos entes queridos, a morte e o morrer.

Os dados do documento anterior indicam como o contexto de emergência humanitária é uma condição de estresse severa e adicional às populações, impactando diretamente no bem-estar psicossocial. No entanto, o conjunto de registros acumulados sobre esse impacto não impediu que a área de saúde mental fosse uma das mais negligenciadas pelos governos.

O relatório da Opas, "A carga dos transtornos mentais na região das Américas" (2018), já mostrara — dois anos antes do desencadeamento da pandemia de Covid-19 — que na América Latina, Caribe não latino, América do Sul, Canadá e Estados Unidos, problemas de saúde mental são responsáveis por mais de 1/3 do número total de incapacidades. No entanto, o relatório registra como o financiamento em saúde mental estava abaixo do necessário, não respondendo à cobertura das necessidades na área. Até 2018, o déficit variava de 3 vezes a mais que os gastos atuais em países das Américas de alta renda a 435 vezes os gastos nos países de mais baixa renda da região (OPAS, 2018). O que explica a preocupação da ONU em conscientizar os países para reverter a negligência e o baixo investimento em serviços de saúde mental em prol da ampliação da cobertura psicossocial para indivíduos, famílias e comunidades que foram afetados pelos impactos da incerteza quanto ao desenvolvimento de medicamentos e vacina para a Covid-19, da incerteza quanto ao futuro, do isolamento, e das perdas de entes queridos que não puderam ser elaboradas por meio do ritual coletivo do luto e do funeral.

Atualmente, também já é possível mapear os grupos sociais mais vulnerabilizados em emergências sanitárias/humanitárias e situações pós--desastres do porte da Covid-19. A cartilha *Demanda em saúde mental: Uma proposta de classificação de risco em saúde mental* (FIOCRUZ, 2022) apresenta essa identificação: mulheres (mães, jovens, desempregadas, vulnerabilizadas), homens (desempregados que perderam os meios para sustentar sua família), crianças (em situações de vulnerabilidade e com raro ou nenhum acesso à educação), pessoas em extrema pobreza, refugiados, pessoas expostas a eventos extremamente estressantes ou potencialmente traumáticos, que vivem com deficiências ou transtornos graves preexistentes físicos, neurológicos ou mentais, que sofrem estigmas sociais ou que estão em risco de violação de direitos humanos.

O conjunto dessas referências indica o que Guterres (2020) ressaltara como emergencial, logo no início da pandemia: a política ampla e multidisciplinar de redução dos impactos catastróficos de emergências humanitárias/ sanitárias — desde a imunologia, infectologia e epidemiologia, até a atenção psicossocial. No caso específico da Covid-19, seus impactos na saúde mental e bem-estar da população mundial ainda hoje são desconhecidos (OMS, 2022). Sabe-se que, enquanto algumas pessoas se adaptaram à conjuntura da pandemia, outras experienciaram problemas de saúde mental, como o que foi elencado a partir da prática de supervisão clínica no projeto da UFPA e no projeto Apoiar.

Quadros depressivos e pandemia de Covid-19

É importante salientar que uma emergência humanitária/sanitária é um acontecimento com impactos econômicos, políticos, de saúde e psicossociais. Desde as primeiras semanas da pandemia, uma série de estudos destacou seu impacto no funcionamento psíquico da população.

O trabalho de Lai *et al.* (2020), publicado logo no início da pandemia, registra, na República da China, altas taxas de ocorrência de depressão (50%), ansiedade (45%) e insônia (34%) em profissionais da saúde no quadro mais agudo da irrupção da pandemia. E isso também se verificou na população em geral. Dois estudos realizados na Etiópia e no Canadá, conduzidos também nas primeiras semanas da pandemia, foram mencionados pela ONU (2020). Os dados da United Nations (2020), referentes à população do estado de Amhara, na Etiópia, estimaram um percentual de 33% de sintomas consistentes para transtorno depressivo nessa conjuntura, representando um aumento de três vezes em comparação com as estimativas da Etiópia antes da pandemia. Essas estimativas ganharam uma gravidade adicional ao verificar que, para lidar com o fator estressor da pandemia, a população recorreu ao uso de substâncias psicoativas, ou desenvolveu comportamentos aditivos relacionados à internet. A estatística do Canadá, sobre consumo de álcool, evidenciou que 20% da população entre 15 e 49 anos aumentou o consumo de substâncias na pandemia.

O trabalho de Thackur *et al.* (2020) apresenta uma amostra de referências de estudos de caso, a partir dos quais foi possível delimitar os fatores conjunturais associados à pandemia e que atuam diretamente no desencadeamento de depressão e suicídio nos primeiros meses da pandemia de Covid-19. O Quadro 4 expõe a ordenação dos estudos de caso, por Thackur *et al.* (2020), segundo os fatores preditores: I. isolamento social; II. crise econômica por *lockdown*; III. estresse e ansiedade vividos por profissionais de saúde; e IV. boicote e discriminação social.

Quadro 4 – Casos representativos de condições psicológicas e fatores preditores subjacentes para suicídio no quadro da Covid-19

Casos	Fatores preditores	Referências
Isolamento social/distanciamento Santosh Kaur, uma mulher de 65 anos, cometeu suicídio por medo da Covid-19. (Índia) Estudante chinês vivendo na Arábia Saudita cometeu suicídio pulando do terceiro andar de um hospital. (Arábia Saudita) Emily Owen, 19 anos, vítima de suicídio. (Inglaterra)	A pessoa estava deprimida, ansiosa por causa da Covid-19 e estava sozinha. Estava sem suporte ou apoio. Quarentenado por suspeita de infecção por Covid-19. Medo do isolamento desencadeado pelo anúncio de *lockdown* no país.	https://www.tribuneindia.com/news/punjab/anxiety-over-covid-19-leads-to-phagwara womans- suicide-66466 (Acesso em: 7 abr. 2020) https://www.todayonline.com/world/taiwan-embraces-cute-mascots-virus-prevention-campaign (Acesso em: 15 abr. 2020)

Casos	Fatores preditores	Referências
		https://blogs.scientifi-can.com/obser-vations/covid-19-is-li-kely-to-lead-to-an-in-crease-in-suicides/?_gl=1*y6uurn*_ga*OD-gyNzIxMDc2LjE2OTYyN-TI0NTU.*_ga_0P6ZGE-WQVE*MTY5NjI1Mj-Q1OS4xLjEuMTY5NjI1Mj-c4OC41OS4wLjA (Acesso em: 8 abr. 2020)
Lockdown gerando recessão econômica Ministro de finanças Thomas Schaefer, de 54 anos. (Alemanha)	Não estava em condições de lidar com o estresse oriundo da crise econômica da Covid-19. Desesperançado quanto ao fato de que seria capaz de administrar as expectativas da população com relação a ajuda financeira.	https://www.todayonline.com/world/covid-19-ger-man-minister-commits-sui-cide-after-virus-crisis-wor-ries (Acesso em: 8 abr. 2020)
Estresse, ansiedade sobre profissionais da saúde. Enfermeira de 49 anos, do Jesolo Hospital, cometeu sui-cídio pulando no rio Piave. (Itália) Daniela Trezzi, enfermeira de 34 anos, do Hospital San Gerardo. (Itália)	Vivia sozinha e estressada. Profundamente traumati-zada, exausta, *Burnout* emo-cional, desesperançada e com medo de contrair a doença e contaminar pessoas.	https://www.em.com.br/app/noticia/internacio-nal/2020/03/25/interna_internacional,1132504/enfermeira-italiana-se-sui-cida-depois-de-contrair-co-ronavirus.shtml (Acesso em: 9 abr. 2020) https://www.em.com.br/app/noticia/internacio-nal/2020/03/25/interna_internacional,1132504/enfermeira-italiana-se-sui-cida-depois-de-contrair-co-ronavirus.shtml (Acesso em: 9 abr. 2020)

Casos	Fatores preditores	Referências
Boicote e discriminação social. 1.Mustaffa, de 35 anos, e Mohammad Dilshad, de 37 anos, cometeram suicídio. (Índia)	Ambos sofriam boicote e discriminação social e religiosa por parte de seus vizinhos, que suspeitavam que eram positivos para Covid-19. O resultado foi o isolamento, o estigma e a depressão.	https://timesofindia.indiatimes.com/cit y/madurai/stigma-overco-vid-testing-blamed-for-mans- suicide/article-show/74939681.cms (Acesso em: 8 abr. 2020) https://www.livemint.com/news/india/ facing-social-boycott-covid-19- negati-ve-man-commits-suicide-inhimachal- s-una-11586090515081.html (Acesso em: 9 abr. 2020)

Fonte: Thackur *et al.* (2020).

Thackur *et al.* (2020) destacam o impacto do isolamento social, da crise econômica, da discriminação social e do estresse e ansiedade vividos por profissionais de saúde como fatores preditores para o desencadeamento de depressão e suicídio no contexto da pandemia de Covid-19.

No contexto de uma pandemia da magnitude da Covid-19 — em que medidas de saúde pública como a obrigatoriedade do uso de máscaras, higiene de mãos, isolamento social com medidas restritivas de eventos de aglomeração e, mais radicalmente, o *lockdown*, foram as principais direções de prevenção da infecção viral, e que a incerteza quanto ao futuro se consolidou como horizonte em um cenário, ainda sem medicamentos e com escassez de produção de vacinas — é crucial aportar financiamento para a pesquisa científica em todas as áreas e alertar cientificamente para a necessidade de observarmos as lições acumuladas em emergências humanitárias anteriores, a fim de prepararmos a sociedade para o entendimento do que vem a ser uma emergência humanitária, para as ações que precisam ser tomadas diante de emergências de pandemias e para o enfrentamento de seus impactos subjetivos.

Psicose e Covid-19

Ao longo desta introdução, mencionamos como os impactos da Covid-19, seus impactos na saúde mental e bem-estar da população mundial ainda hoje são apenas parcialmente conhecidos. Mas sabe-se que uma das condições de saúde mental que exigem cuidado especial durante uma emergência humanitária é a psicose. Na história das epidemias/pandemias, a literatura científica, por ocasião do surto pandêmico de gripe espanhola, em 1918, já havia identificado a *psicose de influenza*, com delírios, confusão e agitação psicomotora. Essa ocorrência se repetira em outras conjunturas de pandemias virais, similares à gripe espanhola e que ocorreram no século XXI: Sars-CoV-1 (2003), H1N1 (2009) e Mers (2012).

A literatura médica tende a concentrar, majoritariamente, a investigação em torno do impacto biológico dessas epidemias/pandemias e dos danos cerebrais provocados pelos vírus (RENTERO *et al.*, 2020). A irrupção da Sars recolocou a importância de se investigar o impacto psicológico dessas conjunturas. Atualmente, uma parte da literatura científica se direciona para avaliar os efeitos iatrogênicos dos tratamentos iniciais para Covid-19 (uso de determinados antibióticos e corticoides, hidroxicloroquina) e desencadeamento da psicose (ESSALI; MILLER, 2020). No entanto, não se reduz a importância dos fatores psicossociais, incluindo eventos estressantes da vida, e a literatura vem sugerindo que estressores psicossociais são um importante fator de risco tanto para o início quanto para a exacerbação dos sintomas de psicose (PARK *et al.*, 2020).

No quadro da irrupção da pandemia de Covid-19, o uso de celulares e computadores foi amplamente utilizado pela população como estratégia de compensação para o distanciamento físico e a redução da conexão social, decorrente da política de isolamento físico. No entanto, o trabalho de Firth *et al.* (2015) avalia que o distanciamento físico e a redução da conexão social têm maior impacto em sujeitos psicóticos, precisamente porque eles não disporiam dessa estratégia de compensação ao isolamento.

Um outro impacto importante da conjuntura da Covid-19 se localiza na natureza da psicose e no conteúdo apresentado pelos sujeitos psicóticos. Os trabalhos de Fischer *et al.* (2020), Huarcaya-Victoria *et al.* (2020), Valdes-Florido *et al.* (2020), Doufik *et al.* (2021) e Moccia *et al.* (2023) apresentam uma primeira indicação das manifestações clínicas específicas da psicose no contexto da pandemia de Covid-19. O Quadro 5 apresenta uma síntese desses achados clínicos.

Quadro 5 – Manifestações clínicas de psicose no quadro da pandemia de Covid-19

Estudo de Fischer *et al.* (2020)	Paciente do sexo masculino, 43 anos, solteiro, trazido à emergência por seu pai durante a fase inicial da crise de Covid-19, na Alemanha. A internação hospitalar foi considerada necessária porque aproximadamente uma semana antes o paciente havia ouvido as vozes de seus vizinhos (tanto homens quanto mulheres) culpando-o por não cuidar suficientemente de seus pais, que poderiam ter morrido de Covid-19. As vozes também afirmaram que todos os vizinhos poderiam contrair a doença como resultado de sua negligência. Ele reconhecera as vozes como alucinações que poderiam ser uma sinal de agravamento de sua psicose paranoide, que havia sido diagnosticada pela primeira vez em 2011. Mesmo assim, obedecendo às vozes, foi até a casa de seus pais no meio da noite para verificar se eles estavam vivos, mas finalmente decidiu não entrar na casa. Ele também acreditava que era observado por câmeras em sua casa e esperava pessoalmente ter imunidade ao Covid-19 depois de já ter sido infectado por mensagem recebida, por um chinês, em um grupo de WhatsApp.
Estudo de Huarcaya-Victoria *et al.* (2020)	Mulher de 38 anos, procedente de Lima, casada, com ensino médio completo. Sem antecedentes somáticos ou psiquiátricos. Março foi ao consultório do dentista. A paciente alega que, na ocasião, o dentista não usava a máscara durante a realização do tratamento. Ele disse a ela que estava de volta da França, e isso a deixou preocupada porque ela acreditava que ele poderia estar infectado pela Covid-19. Quando chegou à casa começou a sentir-se "muito ansiosa", estava constantemente a pensar no que tinha acontecido. Quatro dias depois, ela relatou mal-estar e febre não quantificada, pelo que foi afastada do trabalho por 15 dias. Durante esses dias, sua crescente ansiedade chegou ao ponto de interferir em seu sono. Passados esses 15 dias começou a ouvir uma voz que a mandava ir a um centro de saúde para fazer o teste de Covid-19. A paciente, seguindo as instruções de voz, foi a um centro de saúde, onde os exames médicos a que ela foi submetida determinaram que ela não tinha condições de ser testada para Covid-19. No entanto, a voz persistiu com seu comando. Por isso, ela visitou mais dois centros de saúde, tentando fazer o teste. Com o passar dos dias, as alucinações auditivas, que aumentaram de frequência, pioraram sua ansiedade. Ela começou a sentir que à noite "uma força demoníaca do mal que levaria sua alma para possuí-la". Esses sintomas persistiram por 11 dias. E as alucinações auditivas ordenaram que ela matasse sua família, o que ela tentou sem sucesso. Por esse motivo, foi levada ao Serviço de Urgência do nosso hospital.

Estudo de Valdes-Florido *et al.* (2020)	1. Caso A (homem de 33 anos): delírio paranoico de que as pessoas próximas a ele estavam sendo controladas por máquinas e de que o fim do mundo estava próximo/tentativa de suicídio correlacionada a essas ideias.
	2. Caso B (homem de 43 anos): delírio de que sua família fora infectada pela Covid-19, turbulência afetiva com traços marcantes de irritabilidade, comportamento e fala desorganizados.
	3. Caso C (mulher de 32 anos): pensamento intrusivo de que está contaminada assintomaticamente pelo vírus, com delírio de que uma amiga havia morrido de Covid-19 e com agitação severa e ansiedade.
	4. Caso D (homem de 43 anos): começou a verificar obsessivamente o número de mortos de Covid-19 em todo o mundo. Nos dias seguintes, o paciente desenvolveu a convicção delirante de que os Illuminati estavam por trás da pandemia e da sintomatologia semelhante à esquizofrenia, em que ele podia ouvir as vozes de seus vizinhos fazendo comentários contínuos sobre seus próprios pensamentos.
Estudo de Doufik *et al.* (2021)	1.Monsieur A (homem de 28 anos): delírio persecutório de que ele estava na origem do vírus e que Deus lhe enviava, por meio de seu telefone celular, mensagens sobre os testes das pessoas infectadas pelo vírus/ alucinações intrapsíquicas/insônia/anorexia.
	2.Monsieur B (homem de 24 anos): delírio paranoico associado com temática religiosa em que se apresenta como profeta enviado por Deus/ Deus lhe revela segredos e previsões concernentes aos casos de Covid-19. Ele reconhece infectados e não infectados. Alucinações intrapsíquicas e insônia.
Moccia *et al.* (2023)	1.Caso 1 (mulher de 48 anos): diagnosticada com pneumonia bilateral e insuficiência respiratória leve relacionada à infecção por Sars-CoV-2. Em junho de 2020, apresentou-se ao serviço de urgência acompanhada por dois familiares, queixando-se de delírios somáticos relativos a dores generalizadas e falência de órgãos internos, insônia inicial e atraso psicomotor. A paciente não apresentava histórico psiquiátrico ou familiar e não fazia uso de nenhuma medicação. Após a internação, a paciente tornou-se muda, não responsiva a estímulos externos e com rigidez postural. O psiquiatra de plantão suspeitou de sintomas catatônicos e administrou Lorazepam de 2 mg, com recuperação dos sintomas catatônicos em sete dias. Na entrevista psiquiátrica subsequente, a paciente relatara um histórico de inquietação, baixo apetite e alucinações olfativas, bem como crenças delirantes de estar "podre por dentro" logo após sua primeira alta do hospital por Covid-19.

	2. Caso 2 (mulher de 42 anos): foi trazida ao ambulatório de psiquiatria pela irmã em julho de 2020. Divorciada, morava com a filha de 18 anos, que sofria de esclerose múltipla. A paciente não tinha condições psiquiátricas crônicas, incluindo transtornos por uso de substâncias, nem estava tomando medicamentos de longo prazo. Em maio de 2020, testara positivo, apresentando febre alta, fadiga, dor de garganta e tosse seca. Desejando proteger a filha da infecção, a paciente decidiu se mudar para outra casa em Roma. No exame psiquiátrico, a paciente relatara o aparecimento de alucinações táteis e visuais, na forma de insetos rastejando sobre ou sob sua pele, duas semanas após o início da infecção; lavava as mãos várias vezes ao dia com detergentes químicos e estava extremamente preocupada com a possibilidade de os insetos infestarem sua filha.

Fonte: a autora

Esses trabalhos, bem como o estudo recente de Henschel de Lima *et al.* (2023) acerca da Covid-19 como conjuntura de desencadeamento da psicose, corroboram o trabalho de Fusar-Poli *et al.* (2017), que já indicava a importância de fatores psicossociais (incluindo eventos de vida) no desencadeamento da psicose, bem como a eclosão de alucinações e delírios paranoicos em torno da contaminação e de infectar pessoas a partir do contato próximo.

O conjunto de dados apresentados nesta introdução evidenciam, para a psicopatologia psicanalítica, a atualidade de conceitos importantes, desse campo, para a elucidação da etiologia das formas de sofrimento psíquico. A abordagem específica do tema da psicose está neste livro dividido em três grades eixos conceituais: a foraclusão, o desencadeamento e os fenômenos elementares. Para além desses eixos, o livro apresenta um capítulo sobre diagnóstico em psicopatologia e, ao final, um capítulo sobre o que há de contemporâneo na psicose.

De qualquer forma, ter contato com os dados sobre o impacto de uma emergência humanitária do porte da Covid-19 no funcionamento psíquico, ao longo dos anos de 2020 a 2023, enquanto preparava este livro e atualizava suas referências, mostrou a vastidão do campo da psicopatologia bem como a importância de superarmos o reducionismo. É necessário avançar a pesquisa clínico-conceitual, nesse campo, a fim contribuir para o entendimento do início da psicose, de seu desencadeamento e de suas formas de estabilização e para a formulação de protocolos de intervenção e estabilização junto às políticas de saúde mental.

CAPÍTULO 1

A PAIXÃO PELO TRANSTORNO

1.1 Considerações Iniciais: Um breve panorama da psiquiatria e da psicopatologia

Comparada a áreas como a física e a biologia, a psiquiatria é uma área da ciência que recebeu pouca atenção da filosofia da ciência. Cito para vocês as principais referências dessa forma de abordagem, entre a década de 1950 e o ano de 1986:

1. Szasz, T. S. [1958]: 'Men and Machines', The British Journal for the Philosophy of Science, 8, p. 310-317.
2. Morris, C. [1959]: 'Philosophy, Psychiatry, Mental Illness and Health', Philosophy and Phenomenological Research, 20 (1), p. 47-55.
3. Hempel, C. G. [1965]: Aspects of Scientific Explanation and Other Essays in the Philosophy of Science, New York: The Free Press.
4. Macklin, R. [1972]: 'Mental Health and Mental Illness: Some Problems of Definition and Concept Formation', Philosophy of Science, 39, pp. 341–65.
5. Boorse, C. [1977]: 'Health as a Theoretical Concept', Philosophy of Science, 44, p. 542-573.
6. Meehl, P. E. [1978]: 'Theoretical Risks and Tabular Asterisks: Sir Karl, Sir Ronald, and the Slow Progress of Soft Psychology', Journal of Consulting and Clinical Psychology, 46, p. 806-834.
7. Laudan, L. (ed.). [1983]: Mind and Medicine: Problems of Explanation and Evaluation in Psychiatry and the Biomedical Sciences, Berkeley, CA: University of California Press.
8. Grünbaum, A. [1986]: 'The Placebo Concept in Medicine and Psychiatry', Psychological Medicine, 16, p. 19-38.

A observação dessas referências em torno de uma avaliação da psiquiatria pela filosofia das ciências obedece a quatro extremos:

1. Nos anos de 1950, temos a síntese da Clorpromazina e o desenvolvimento de outros medicamentos psicofarmacológicos, a psiquiatria entrou na era da farmacologia.

2. Nos anos de 1980, temos o divórcio do DSM em relação a marcos teóricos importantes do campo da psicopatologia, com a ascensão de um entendimento acerca dos transtornos mentais baseado na observação e classificação dos sintomas.

3. Em 2013, temos a avaliação crítica, feita pelo National Institute of Mental Health (NIMH), quanto à ausência de fundamentação científica sólida na classificação proposta pela APA (o DSM não estaria sustentado na pesquisa de marcadores biológicos, mas em suposições e convenções) e a afirmação de que o DSM não seria mais utilizado como marco de referência para as pesquisas científicas financiadas pelo NIMH.

4. A ascensão do modelo da neurociência na psiquiatria por meio do Reaserch Domain Criteria (RDoC).

É interessante observar que, da década de 1980 para cá — ou seja, a partir do momento em que o DSM abdica de um modelo teórico, observamos uma rápida expansão deste tema pela filosofia da ciência, com especial destaque para:

1. Hacking, I. [1999]: The Social Construction of What?, Cambridge: Harvard University Press.

2. Schaffner, K. F. [2002]: 'Clinical and Etiological Psychiatric Diagnoses: Do Causes Count?', in J. Z. Sadler (ed.), Descriptions and Prescriptions: Values, Mental Disorders, and the DSMs, Baltimore, MD: Johns Hopkins University Press, p. 271-290.

3. Murphy, D. [2006]: Psychiatry in the Scientific Image, Cambridge, MA: MIT Press.

4. Cooper, R. [2007]: Psychiatry and Philosophy of Science, Montreal, QC: McGill - Queen's University Press.

5. Thagard, P. [2008]: 'Mental Illness from the Perspective of Theoretical Neuroscience', Perspectives on Biology and Medicine, v. 51, n. 3, p. 335-352.

A enumeração dessa amostra de referências nos coloca diante de problemas importantes: o que aconteceu com a psiquiatria a partir dos anos de 1950? Qual foi o destino dos modelos teóricos da psicopatologia na direção tomada pela psiquiatria a partir da década de 1950? Qual seu impacto sobre a própria psicologia e, mais especificamente, sobre a formação em psicologia clínica? Ao longo deste capítulo tentarei construir alguns caminhos de respostas possíveis.

A psicopatologia biológica remonta a hipótese naturalista do sofrimento psíquico, formulada pelo psiquiatra alemão, contemporâneo a Freud, Emil Kraepelin (1856-1926). Essa hipótese supõe uma fronteira precisa entre normalidade e psicopatologia e define as psicopatologias como doenças verdadeiras, processos da natureza que se desenvolvem independentemente do funcionamento subjetivo e de condições sociais; elas nada têm a ver com construções discursivas, sendo antes fatos objetivos de que a ciência psiquiátrica tem o objetivo de elucidar:

> Unicamente é possível estabelecer o conceito de enfermidade psíquica e fixar com precisão seus limites quando se conhece exatamente as causas, a sintomatologia, o curso da doença e suas eventuais alterações anatomopatológicas (KRAEPELIN, 1920/2009, p. 173).

Essa definição naturalista da psicopatologia invalida a atitude metodológica de escuta e análise do conteúdo discursivo do paciente, e de determinação dos pontos de desestabilização do funcionamento mental, a partir da história narrada pelo paciente. Ao contrário, para a concepção naturalista, é fundamental considerar como parte do método clínico a supressão da avaliação clínica da narrativa do paciente por considerá-la o veículo de erros e simulações decorrentes do quadro psicopatológico. Conforme afirma Kraepelin (2009, p. 174):

> Contudo, o mais importante nessa relação é descobrir o papel decisivo que cabe àquilo que é constitucional no próprio sujeito, principalmente as influências da hereditariedade [...]. Fica claro, portanto, que a compreensão das manifestações patológicas deverá passar primordialmente pela pesquisa das disposições herdadas.

Para Kraepelin (1920/2009), a observação da evolução da doença e a busca de uma etiologia biológica (hereditariedade) deveriam orientar a posição ética do psiquiatra na condução do diagnóstico e nas diretrizes do tratamento das psicopatologias. A recuperação da hipótese naturalista de

Emil Kraepelin ocorrerá no início dos anos 1970 por um grupo de psiquiatras da Universidade de Washington, preocupados em:

1. Retomar a hegemonia da psiquiatria biológica como ciência e alinhar o método clínico segundo a objetividade da ciência, suprimindo do domínio de pesquisa clínica em psiquiatria as referências que pudessem vinculá-la a discursos considerados pouco científicos (por exemplo, a sociologia, a fenomenologia ou a psicanálise).

2. Formular um novo modo de pensar as psicopatologias que rejeitassem modelos teóricos em nome da observação e classificação do sofrimento psíquico a partir de um vocabulário que fosse aceito e utilizado uniformemente pelos psiquiatras do mundo inteiro como referência — como uma espécie de vocabulário universal.

3. Formular um novo modo de pensar as psicopatologias a partir do avanço da pesquisa na área do sistema nervoso.

É esse grupo que estará na responsabilidade de produzir a terceira edição do DSM. Dessa forma, o marco teórico da biologia em psicopatologia sofre a influência do pensamento de Kraepelin, e trabalha com a hipótese de que o sofrimento psíquico está correlacionado a alterações (anatômicas ou bioquímicas) do funcionamento cerebral resultantes, na maioria das vezes, de herança genética. Para esse marco teórico, a etiologia da depressão estaria correlacionada aos níveis de serotonina produzida pelo cérebro. E a direção de tratamento envolveria a prescrição de medicamentos e, no limite, da eletroconvulsoterapia[3].

A psicopatologia psicodinâmica tem sua base na psicanálise fundada por Sigmund Freud, tendo seu avanço assegurado por autores pós-freudianos (como Melanie Klein, Donald Winnicott, Jacques Lacan), principalmente no campo das psicoses. A psicopatologia psicodinâmica trabalha com a hipótese de que o sofrimento psíquico está correlacionado com a ocorrência de processos psíquicos de defesa (recalcamento nas neuroses e rejeição ou foraclusão nas psicoses) e a desestabilização desses processos. Para esse marco teórico, a etiologia da depressão estaria correlacionada com uma reação psicológica à perda de um objeto amoroso (um ente querido, um

---

[3] Também conhecida como ECT ou eletrochoque. Segundo o *Manual do Exame Psíquico: uma introdução prática à psicopatologia* (BASTOS, 2000, p. 183), a ECT, devido aos riscos para a vida do paciente, só pode ser aplicada em situações clínicas de estupor depressivo (na depressão unipolar ou transtorno bipolar e de estupor catatônico (na esquizofrenia), e após esgotar o uso de todos os recursos de tratamento disponíveis para esses casos (BASTOS, C. L. *Manual do Exame Psíquico*: uma introdução prática à psicopatologia. Rio de Janeiro: Editora Revinter, 2000).

parceiro amoroso, um ideal civilizatório) e à introjeção do objeto perdido com o qual o sujeito passa a se identificar retirando o investimento libidinal do mundo. Para esse marco teórico, a depressão expressa o sinal patognomônico da depressão: a autorrecriminação.

A psicopatologia sociocultural trabalha com a hipótese de que o sofrimento psíquico está correlacionado a fatores socioculturais adversos e insalubres (por exemplo, pobreza, migração, preconceito, estresse ocupacional). O que sugere uma correlação entre sofrimento psíquico e condição socioeconômica. Para esse marco teórico, a depressão, por exemplo, teria sua origem nas condições adversas vividas por um sujeito. A direção de tratamento se baseia na transformação das condições materiais de existência desfavoráveis que estariam na determinação do sofrimento psíquico — desde a assistência até a formulação de políticas sociais. Assim, temos três marcos teóricos com hipóteses precisas a respeito da causalidade, da etiologia das formas de sofrimento psíquico. E nós podemos arriscar a afirmar que cada marco teórico tende a defender o monopólio explicativo da etiologia e da direção de tratamento das formas de sofrimento psíquico, afirmando que sua hipótese etiológica e a direção de tratamento que, dela decorre, é a única válida. Denominamos esse monopólio explicativo de *atitude reducionista*.

Não iremos, aqui, defender um reducionismo contra outro, defender o reducionismo da invenção social do sofrimento psíquico contra o reducionismo neurofisiológico ou mesmo psicodinâmico. Mas partir da múltipla determinação do sofrimento psíquico, reforçando que não são tipos naturais e nem muito menos tipos culturais e tipos psicológicos. As formas de sofrimento psíquico estão na dependência da relação entre o funcionamento social, o eu e o organismo. Essa dependência indica que o sofrimento psíquico não é igual a uma enfermidade orgânica como o Mal de Parkinson, por exemplo. Ela seria uma *espécie interativa*, que leva em consideração todos esses fatores.

Nesse sentido, gostaria de reforçar aqui a importância da interrogação sobre a posição do psicanalista na clínica, feita por Jacques Lacan, no escrito *A Direção de Tratamento e os Princípios de seu Poder* (1958/1998): como o psicanalista se orienta em sua prática e o que ele objetiva? Essa pergunta coloca no centro da investigação em psicopatologia a formação do profissional, seja em psiquiatria, seja em psicologia. Apresentada nos dias de hoje, essa interrogação nos conduz ao cuidado que devemos ter com as classificações definidas por manuais diagnósticos — como o Manual Diagnóstico e Estatístico de Transtornos Mentais (DSM) e Classificação Internacional de Doenças e Problemas Relacionados à Saúde (CID) — em que observamos a dispersão das categorias psiquiátricas com base na afirmação de que esses manuais são ateóricos. Esse cuidado se refere à posição ética assumida pelos profissionais que trabalham no campo do sofrimento psíquico: o psicólogo, o assistente social, o fisioterapeuta, o enfermeiro, o psiquiatra, o psicanalista. Ao assumir o DSM como diretriz de uma pesquisa diagnóstica, o profissional assume uma posição ética baseada tanto no ateorismo como em um ecletismo teórico, conforme foi constatada por autores brasileiros como Elia e Galvão (2000) e Campos (2008). Tais autores, focados no campo da atenção psicossocial, mostraram como a aversão ao saber teórico e a ancoragem no ecletismo sem rigor, acabaram por dar origem à uma *babel epistemológica* que mistura teorias, conceitos, distintos com técnicas também distintas. Tanto Elia e Galvão (2000), como Campos (2008), afirmam que essa babel acabou contribuindo para consolidar, ainda mais, o CID e o DSM como referências exclusivas para estabelecimento de diagnóstico na atenção psicossocial.

Neste livro, tentaremos evitar o reducionismo mesmo que nosso eixo teórico seja o modelo psicodinâmico. Então, mesmo apresentando e trabalhando conceitos psicopatológicos importantes em psicodinâmica, não perderemos de vista que a etiologia do sofrimento psíquico depende de variáveis biológicas, socioculturais e psíquicas. No caso específico do marco psicodinâmico, o livro trabalhará com os conceitos centrais em psicopatologia psicanalítica: a psicose, a rejeição ou foraclusão, o desencadeamento e a desestabilização, os fenômenos elementares. Mas veremos como a definição desses conceitos está em íntima relação com a literatura mais clássica em psiquiatria, bem como levará em consideração o horizonte dos processos socioculturais. É, por exemplo, o que verificaremos quando retomarmos o clássico caso do Presidente Daniel Paul Schreber, amplamente investigado por Freud, levando em consideração alguns aspectos do delírio schreberiano em conformidade com o antissemitismo dominante em Dresden no final do século XIX.

As categorias de neurose e psicose, definidas por Freud ao longo de sua *Obra*, podem parecer hoje anacrônicas, não usuais no meio da psiquiatria contemporânea dominada pelo vocabulário do *transtorno* e por categorias classificatórias tão dispersas. De fato, veremos pela história do DSM a desaparição de uma concepção sobre as neuroses e a unificação de todas as psicoses, transformando radicalmente a forma como investigamos o sofrimento psíquico. É de notar uma primeira transformação: pensar o sofrimento psíquico como transtorno. Não se trata de um ajuste nosográfico, mas de uma transformação na concepção e, consequentemente, na forma de condução do tratamento. Assim, a pergunta de Lacan é muito mais profunda do que parece à primeira vista e aponta para um erro que precisaremos evitar aqui: o erro do reducionismo.

1.2 A paixão pelo transtorno

Lacan (1958/1998) se refere diretamente à prática clínica de sua época e cuja orientação era bastante diferente da psicanálise, centrada nos conceitos de inconsciente e de pulsão e da localização do ponto de desestabilização sintomática pela avaliação do conteúdo discursivo do paciente.

Nos anos de 1950, testemunhamos o avanço da tecnologia de psicotrópicos para o tratamento das formas de sofrimento psíquico, com a síntese do primeiro antipsicótico — a Clorpromazina (antipsicótico sintetizado em 11 de dezembro 1950, pelo químico Paul Charpentier). A partir de 1950, outros psicotrópicos foram sitntetizados, conforme podemos observar no Quadro 6.

Quadro 6 – O Avanço da tecnologia de psicotrópicos na década de 1950

Psicotrópico	Ano
Clorpromazina	Antipsicótico (sintetizado em 1950)
Clorperidóxido (benzodiazepínicos)	Ansiolítico (sintetizado em 1957)
Imipramina	Antidepressivo (sintetizado em setembro de 1958, pelo Laboratório Ciba)

Fonte: a autora

A título de curiosidade, o Quadro 7 apresenta os principais benzodiazepínicos comercializados no Brasil até o ano de 2010. Certamente, hoje, temos novos medicamentos no mercado de psicofármacos, mas o quadro segue como referência.

Quadro 7 – Ansiolíticos benzodiazepínicos disponíveis para comercialização no Brasil (Psiqweb – Psiquiatria geral, 2010)

Nome genérico	Nome comercial
Alprazolam	Apraz, Frontal, Tranquinal
Bromazepam	Brozepax, Lexotam, Somalium, Sulpam
Buspirona	Ansienon, Ansitec, Bromopirim, Buspar
Clobazam	Frisium, Urbanil
Clobazepam	Rivotril
Clordiazepóxido	Psicosedim
Cloxazolam	Olcadil, Elum
Diazepam	Valium, Somaplus, Diazepa, Ansilive
Lorazepam	Lorium, Loraz, Mesmerim

Fonte: a autora

Essa expansão tecnológica, aliada à formulação de novas classificações diagnósticas, permitiu ao saber psiquiátrico, a partir dos anos de 1950, se libertar da sombra da baixa origem moral de sua direção de tratamento — pautada no isolamento manicomial, no trabalho, no olhar vigilante, na infantilização e na produção de um ideal disciplinar concentrado na autoridade do médico (MACHADO; LOUREIRO; LUZ; MURICY, 1978). Dessa forma, começamos a responder às perguntas que apresentamos na abertura do capítulo: o que aconteceu com a psiquiatria a partir dos anos de 1950? Qual foi o destino dos modelos teóricos da psicopatologia na direção tomada pela psiquiatria a partir da década de 1950?

Essas perguntas fundamentam o título do capítulo: "A paixão pelo transtorno". A paixão pelo transtorno se refere diretamente ao modo como o método clínico é definido pela psiquiatria contemporânea: uma clínica reducionista, orientada pelo marco de uma bioquímica, que os médicos desconhecem, misturada com uma concepção do sofrimento psíquico, que o reduz a classes, categorias de transtornos e a prescrição de psicofármacos. Essas classes são vistas como tipos naturais independentes de processos socioculturais e psíquicos. E a força dessas classes reside precisamente no fato de serem performativas, ou seja, de organizarem retroativamente os fenômenos clínicos em um quadro de sentido, de tal forma que comunicadas aos pacientes que procuram o psiquiatra, esses imediatamente ordenam por conta própria seus sintomas em torno da classe: *sou dependente químico, tenho TOC, sou anoréxica, sou depressivo*. Isso revela, para nós, uma modificação na gramática do sofrimento psíquico em relação ao modelo psicodinâmico, em relação às categorias de neurose e psicose tais como são definidas pela psicanálise. O exemplo paradigmático é a diluição, a partir do DSM-IV, da estrutura de neurose, na lista de transtornos elencados no Quadro 8.

Quadro 8 – A diluição da neurose nos transtornos

Transtornos	Tipos
Transtornos de ansiedade	Transtorno de separação, mutismo seletivo, fobias específicas, pânico, fobia social.
Transtornos depressivos	Depressão maior, depressão disruptiva, distimia, disforia pré-menstrual
Sintomas somáticos	Hipocondria, transtorno de conversão, transtornos factícios
Transtornos obsessivo-compulsivos	Dismorfismo corporal, acumulação, tricotilomania, transtorno de escoriação

Fonte: a autora

Para começarmos a entender como a psiquiatria se seduziu pelo transtorno renunciando a uma orientação menos reducionista, comecemos com o Quadro 9, que sintetiza a evolução das edições do DSM desde 1952 até 2013.

Quadro 9 – Síntese das edições do DSM

Edições	Ano de Publicação	Categorias Diagnósticas	Fundamentação Epistemológica
DSM I	1952	106	Modelo Psicanalítico
DSM II	1968	182	Modelo Psicanalítico
DSM III/ DSM-III-TR	1980/1989	265/292	Modelo biológico
DSM IV/ DSM IV-TR	1994/2000	374/**	Modelo biológico
DSM -5	2013	300	Modelo biológico

Fonte: a autora

Encontramos no DSM as alterações comportamentais de cada transtorno, mas não encontramos uma referência a respeito da etiologia psíquica dos sinais e sintomas e sequer uma orientação acerca da forma de reconhecimento de sinais e sintomas na prática. O que isso significa? Significa que não encontramos no DSM (e no CID) uma pesquisa semiológica. Tomando Karl Jaspers (1913/2000) e Freud (1923/1987, 1924/1987) como exemplos, para a definição do objeto da psicopatologia e a importância concedida à semiologia, temos no que se refere a Jaspers (1913) a afirmação de que o objeto da psicopatologia é o fenômeno psicológico ressaltando a relevância clínica do conhecimento da realidade psíquica e de suas condições causais. Da mesma forma, Freud (1923/1987, 1924/1987) alertara para a necessidade de se reconhecer os processos psíquicos estão na etiologia do desencadeamento da neurose e da psicose, como base para a especificação da direção de tratamento para cada caso. Esse reconhecimento faz parte da avaliação clínica que o profissional precisa fazer e sua ferramenta, é o conteúdo discursivo do paciente. O Quadro 10 oferece, ainda brevemente, uma noção da forma como o conteúdo discursivo se especifica na neurose e na psicose.

Quadro 10 – Estrutura discursiva a ser encontrada na avaliação clínica da neurose e psicose (marco teórico: psicanálise)

Estruturas psíquicas	Posição do sujeito diante da realidade
Neurose	O paciente se posiciona não querendo saber nada sobre a realidade/ divisão subjetiva, conflito psíquico
Psicose	O paciente se posiciona rejeitando a realidade/certeza e perplexidade

Fonte: a autora

O DSM e o CID seduzem em função da delimitação do domínio de investigação do transtorno em torno de um posicionamento reducionista, que valoriza a observação comportamental e a investigação de determinantes biológicos dos transtornos ao preço da supressão ideológica da avaliação clínica a partir do campo discursivo.

1.3 A progressão do sistema classificatório pelo DSM

> *No decorrer da conversa com um médico ligado à estação de águas,*
> *o qual havia assistido meu parente, perguntei, entre outras coisas,*
> *acerca de seu relacionamento com os aldeões [...] que constituíam uma*
> *clientela durante o inverno. Contou-me que sua clínica médica se*
> *fazia da seguinte maneira. Em suas horas de atendimento, os pacientes*
> *entravam em sua sala e ficavam de pé numa fila. Um após o outro*
> *adiantava-se e descrevia suas queixas: dor lombar, dor de estômago,*
> *cansaço nas pernas, e assim por diante. O médico então o examinava e*
> *após contentar-se com o que observara, fazia o diagnóstico era o mesmo*
> *para todos os casos. Ele me traduziu a palavra: significava mais ou*
> *menos 'enfeitiçado'. Surpreso, perguntei se os aldeões não faziam objeção*
> *ao fato desse veredicto ser o mesmo para cada paciente. 'Não!', replicou*
> *ele, eles ficam muito contentes: é o que esperavam. Cada um deles assim*
> *que volta ao seu lugar na fila, mostra aos outros, pela fisionomia e pelos*
> *gestos, que eu sou um sujeito que entende das coisas.*
>
> *(Sigmund Freud. Novas Conferências Introdutórias sobre Psicanálise.*
> *Conferência XXXIV — Explicações Aplicações e Orientações)*

Começo esta seção com uma citação de Freud por considerá-la atual para explicitar o estado da arte do diagnóstico clínico na contemporaneidade. Sua crítica previa, de forma irônica, o destino da psiquiatria e o enfraquecimento da psicopatologia. Essa crítica tinha sua razão de ser na especificidade da disciplina do diagnóstico diferencial, formulada por Freud a partir dos processos psíquicos de recalcamento e foraclusão. Para a psicanálise, uma classificação diagnóstica é entendida como uma hipótese sobre os determinantes psíquicos que estão na base da formação de um sintoma, sendo de fundamental importância para o estabelecimento das diretrizes do tratamento. Freud prevera a dissolução da especificidade do sintoma conversivo na histeria, da defesa obsessiva e da formação da fobia como solução para a angústia, em nome de categorias reducionistas que rejeitam os processos psíquicos.

Da mesma forma, o psicanalista francês Jacques Lacan, ao longo de seu ensino, sustenta a importância do diagnóstico diferencial a partir de um referencial que conjugue os processos psíquicos e o funcionamento da época. E é o que está na base da noção de *estrutura psíquica*: a junção entre o processo psíquico e o funcionamento sociocultural de uma época (que Lacan denominará de *significante- mestre*). Para ele, o modo como um sujeito endereça e relata seu sofrimento a um profissional obedece à estrutura psíquica: neurose, psicose e perversão.

Essa consideração acerca da relação íntima existente entre sintoma e estrutura psíquica fica evidente no próprio modo como o psicanalista abordará a psicose. Ao contrário de uma tradição psiquiátrica que não considerava a possibilidade de saber na loucura, Lacan (1955-1956/1986) pontua a identidade estrutural entre o fenômeno alucinatório, o delírio e o mecanismo psíquico da foraclusão típicos da psicose. Tomando como exemplo a relação entre a folha e a planta (a nervura de uma folha reproduz a estrutura, a totalidade da planta), Lacan (1955-1956/1986) formula uma analogia com o campo do diagnóstico: o delírio e o fenômeno elementar respondem a uma mesma força estruturante.

Essa posição ética da psicanálise diante das formas de sofrimento psíquico é bastante distinta da posição ética subjacente à formulação do diagnóstico genérico "enfeitiçado", elaborado pelo médico da estação de águas, e relatado por Freud. No entanto, esse diagnóstico genérico ganha sua atualidade diante da progressão da disciplina classificatória do sofrimento psíquico, em psiquiatria, e de sua equivalência ao diagnóstico diferencial, por meio das sucessivas edições do DSM. Retomando atentamente os dados do Quadro 9, é possível depreender que a partir da terceira edição do DSM fica claro:

1. **A dimensão empírica**: os fenômenos geram, por si só, grades classificatórias.

2. **O divórcio do campo de pesquisa psicopatológica**: a caracterização como ateórica e a hipótese da causalidade orgânica confere a ilusão de unidade para cada fenômeno e uniformidade linguística.

3. **A direção medicamentosa de tratamento**: a hipótese da causalidade orgânica realiza a hipótese organicista e a direção de tratamento do sofrimento psíquico aí implícitas.

A publicação do DSM- III teve como eixo articulador o artigo de John Feighner (1970), intitulado "Diagnostic criteria for use in psychiatric research". O artigo fundamentou a elaboração da classificação das psicopatologias publicada a partir do DSM-III, defendendo os dados empíricos, afastando a avaliação subjetiva e rompendo com a fundamentação teórica da psicanálise. Um dos eixos da discussão dessa terceira edição era aprimorar a uniformidade e a validade do diagnóstico psiquiátrico dos transtornos, resultando na formulação de critérios para o diagnóstico, conforme observamos no Quadro 11.

Quadro 11 – Critérios para o diagnóstico no DSM-III

1.Descrição clínica
2. Estudos de laboratório
3. Critérios de exclusão de outras doenças
4.Estudo do curso da doença
5.Estudos referentes à família do doente

Fonte: a autora

Isso envolvia, ainda, o reconhecimento da necessidade de padronizar a disciplina do diagnóstico diferencial pelo estabelecimento de uma base de cauterização em inglês descritivo, ocupando assim o lugar das hipóteses etiológicas com base em referenciais teóricos. Dessa forma, localizamos no DSM-III o declínio dos referenciais teóricos que orientavam, até o momento, a disciplina do diagnóstico diferencial (o modelo psicodinâmico) em nome do neokraepelinianismo, cujos postulados são reproduzidos pelo artigo crítico de Caponi (2011) e expostos a seguir:

1. A psiquiatria é um ramo da Medicina.

2. A psiquiatria deve utilizar metodologias científicas modernas e estar baseada em conhecimentos científicos.

3. A psiquiatria trata pessoas que estão doentes e que requerem tratamento para doenças mentais.

4. Existe uma fronteira ou limite entre normalidade e doença.

5. As doenças mentais não são mitos. Existem muitas doenças mentais. A tarefa da psiquiatria científica, como especialidade médica, é pesquisar as causas, o diagnóstico e o tratamento das doenças mentais.

6. O alvo da psiquiatria deve estar, particularmente, nos aspectos biológicos das doenças mentais.

7. Deve existir uma preocupação explícita com o diagnóstico e a classificação. Os critérios diagnósticos devem ser codificados e deve existir uma área de pesquisa para validar esses critérios com diversas técnicas.

8. Os departamentos de psiquiatria nas escolas médicas devem ensinar esses critérios, e não os depreciar.

9. Com a finalidade de aumentar a validade dos diagnósticos e das classificações, as técnicas estatísticas devem ser utilizadas.

Esses princípios definem o modo como a psiquiatria procede a partir de uma suposição do que vem a ser ciência, desde o início da década de 1980 até hoje: integrando as pesquisas conduzidas em outros domínios da biologia, pesquisando as causas, o diagnóstico e a terapêutica de cada transtorno psiquiátrico, reproduzindo os mesmos procedimentos da Medicina, utilizando metodologia estatística e estudos comparativos. Independentemente do marco teórico que se utilize para abordagem e tratamento do sofrimento psíquico que se torne hegemônico em um determinado contexto histórico, é preciso não cair na desgraça do reducionismo. E é uma desgraça porque impede o pesquisador de assumir a posição da ciência. Em seu lugar, o que temos é uma *weltanschauung*, uma visão de mundo, uma certeza baseada em nada. E sabemos, hoje, o perigo de uma posição dessas.

CAPÍTULO 2

DOIS MODELOS PSICOPATOLÓGICOS EM PSICANÁLISE A PARTIR DA CONJUNÇÃO FREUD-LACAN: O IMAGINÁRIO E O SIMBÓLICO

2.1 Considerações Iniciais: a hipótese da etiologia psíquica da psicose nos ensina sobre a definição do conceito de estrutura

É no quadro epistemológico de reestruturação dos fundamentos da clínica psiquiátrica, tal como estudamos no capítulo dedicado à categoria epistemológica de *transtorno*, que situo a relevância da releitura da metapsicologia freudiana a partir do modelo lógico do inconsciente, a partir da categoria de *estrutura*, conduzida por Lacan entre os anos de 1953 e 1964, e denominado de segundo ensino. Observem que esse segundo ensino, definido pela formalização do conceito de inconsciente como estrutura, começa na década de 1950, coincidindo com o direcionamento da psiquiatria para as descobertas da psicofarmacologia e do DSM.

O objetivo deste capítulo é, justamente, oferecer uma apresentação sintética de dois modelos psicopatológicos, importantes no ensino de Lacan (o modelo centrado no imaginário e o modelo centrado no simbólico) e sua base nas formulações de Freud sobre a psicose.

A pesquisa que conduzo no campo da psicopatologia psicanalítica sustenta que, da mesma forma que reconhecemos a presença de uma teoria sobre a etiologia das neuroses, há uma teoria do desencadeamento e da estabilização da psicose em Freud, em que a busca dos fatores psíquicos desencadeantes é a bússola que orienta a elucidação da etiologia dos diferentes fenômenos clínicos e fundamenta a direção de tratamento. Destacamos, aqui, a carta que Freud endereça a Jung, em 1908. Nessa carta, Freud (1908) confessa não ter uma posição a respeito das recentes investigações conduzidas por Emil Kraepelin e Eugen Bleuler. Mas ressalta para Jung que os achados da psicanálise seguem uma direção diferente daquela assumida pelos principais nomes da psiquiatria da época, o que reforça a elaboração a respeito de uma teoria freudiana da psicose. Dessa forma, podemos seguramente afirmar que as formulações de Freud condensam elementos importantes a respeito de sua teorização sobre a psicose no quadro teórico de época, sustentado na distinção entre as neuropsicoses de defesa e as neuroses atuais.

Quadro 12 – O primeiro modelo psicopatológico, segundo Freud (1895-1914)

Neuropsicoses de defesa	Neuroses atuais
Histeria	Neurastenia
Neurose obsessiva	Neurose de angústia
Paranoia	
Confusão alucinatória	
Psicoses histéricas	

Fonte: a autora

À época, ele identificava no recalcamento um único processo psíquico constitutivo para as neuropsicoses de defesa, sendo que a paranoia se caracterizaria pela especificidade da retração pulsional em relação ao investimento da realidade. Nesse sentido, é notável como Freud posiciona a defesa em relação à pulsão e distingue as classes de neuropsicoses de defesa e neuroses atuais a partir do fundo da defesa contra a pulsão. Se lançarmos uma lupa sobre a forma como ele desdobra a definição de paranoia, observaremos como Freud avança no detalhamento da diferença do funcionamento da defesa contra a pulsão, na paranoia e a despeito de ainda reconhecer um único processo psíquico para a histeria, a neurose obsessiva e a paranoia. Esse detalhamento se verifica pelo uso do termo em alemão *verwirft*, empregado em um texto anterior a 1896 e intitulado *As neuropsicoses de defesa* (1894/1987e). Nesse texto, Freud (1894/1987e) localiza uma forma de defesa muito mais forte do que a que vigora na histeria e na neurose obsessiva, consistindo *na rejeição (verwit) enérgica, por parte do eu, da representação psíquica e do afeto ligada a ela, resultando no desconhecimento quanto à ocorrência da representação (é como se ela nunca tivesse existido) e na irrupção da confusão alucinatória.*

No *Rascunho G — Melancolia*, de 7 de janeiro de 1895, Freud (1895/1987) dedica-se a detalhar, a partir da especificação do processo de defesa na psicose, formulado em *As neuropsicoses de defesa* (1894/1987e), a etiologia da melancolia, elaborando uma hipótese essencial para o reconhecimento clínico de seu desencadeamento: na melancolia ocorre a retração pulsional e o melancólico experiencia essa retração como *perda da libido*. Assim, referindo-se à anorexia, Freud (1895/1987, p. 150) sustenta que esta é uma forma da melancolia: "a paciente afirma que não se alimenta simplesmente porque não tem *nenhum apetite*; não há qualquer outro motivo. Perda do apetite — em termos sexuais, perda da libido".

No *Rascunho H — Paranoia*, de 24 de janeiro de 1895, Freud (1895/1987) estende a especificação do processo de defesa na psicose para a paranoia. Ele, então, mantém os achados de 1894 em relação ao funcionamento da defesa na neurose e na psicose, mas interroga a possibilidade de haver um modo de funcionamento da defesa análogo para a paranoia e a obsessão. Apesar de reconhecer, para ambas as neuropsicoses de defesa, a ocorrência da rejeição de uma representação incompatível com o eu, Freud (1895/1987) isola o processo psíquico que especifica a paranoia: a rejeição da representação incompatível com o eu e sua projeção para o mundo exterior. Esse processo explicará a etiologia das ideias paranoides de um caso por ele atendido. Trata-se de uma mulher assolada, invadida, por ideias paranoides de que seus vizinhos faziam alusões às suas relações com um inquilino em sua casa. O Quadro 13 esquematiza a hipótese freudiana sobre o diagnóstico desse caso, permitindo visualizar os primórdios da definição de *verwerfung* (rejeição).

Quadro 13 – O esquema elucidativo da etiologia da paranoia no *Rascunho H*

1. Ocorrência de uma cena sexual com um homem (o inquilino da casa).
2. Ela rejeita (*verwit*) a ocorrência da cena sexual.
3. Surge a censura proveniente do campo da realidade (os vizinhos) — como se viesse de fora.
4. A paciente ouve a censura às relações com o inquilino.

Fonte: a autora

Essa lógica específica da defesa na paranoia se repetirá no raciocínio desenvolvido por Freud (1896/1987) no *Rascunho K*, em que isolará *a desconfiança endereçada ao próximo como o sintoma primário da paranoia* e tributário do destino assumido pela pulsão a partir da defesa. Assim, na paranoia, o paciente tem:

1. A *certeza* de ouvir a censura vinda de fora até o ponto de essa censura ser ameaçadora e a *descrença* radical em relação às acusações — o paranoico não acredita nas acusações endereçadas a ele.
2. A *desconfiança* de todos ao seu redor.

Observemos que a partir do reconhecimento do sintoma primário da *desconfiança endereçada ao próximo*, na paranoia, Freud elabora uma hipótese etiológica em torno do destino da pulsão a partir da defesa (no caso, a *verwerfung*) para explicar sua constituição.

Em *Observações adicionais sobre as neuropsicoses de defesa*, Freud (1896/1987) segue a pesquisa já desenvolvida nos *Rascunhos G, H e K* acerca da especificidade do funcionamento da defesa e reforça que o sintoma, na psicose, é determinado pelo destino assumido pela pulsão. Retomando o funcionamento psíquico na paranoia, o autor identifica três tempos do processo psíquico de constituição da paranoia. Eles estão esquematizados no Quadro 14.

Quadro 14 – Tempos do processo psíquico de constituição da paranoia (Freud, 1896/1987)

Tempos constitutivos	Processo psíquico
Tempo 1	Representação incompatível com o eu.
Tempo 2	Rejeição da representação psíquica incompatível e projeção sobre a realidade externa.
Tempo 3	Formação do sintoma primário — desconfiança endereçada ao próximo.

Fonte: a autora

O que chama atenção nessa ordenação do funcionamento psíquico na paranoia é a presença do processo de projeção que não aparecia no *Rascunho H* (observem o Quadro 2, entre a rejeição e o surgimento da censura — [2] e [3] e comparem com o Quadro 3 — tempo 2): na paranoia, a representação incompatível com o eu é rejeitada e projetada para fora da realidade psíquica, produzindo o sintoma primário da desconfiança endereçada ao próximo.

Entre o ano de 1896 e o ano de 1924 são localizadas três referências fundamentais para a teorização sobre a psicose em Freud: *Notas psicanalíticas sobre um relato autobiográfico de um caso de paranoia (Dementia paranoides)* (1911/1987); *Sobre o Narcisismo: Uma introdução* (1914/1987n) e *O inconsciente* (1915/1987r). Elas compõem o solo em que Freud, em 1924, consolidará sua teoria sobre a psicose. Nesse ponto, ressalto a importância de *Notas psicanalíticas sobre um relato autobiográfico de um caso de paranoia (Dementia paranoides)* (1911/1987). Nesse texto, ele formaliza com clareza sua hipótese sobre a etiologia da psicose e sua possibilidade de estabilização. O Quadro 15 apresenta, em destaque, os dois pilares da hipótese freudiana sobre a psicose, a partir dos achados obtidos no caso Schreber.

Quadro 15 – Pilares conceituais da hipótese etiológica da psicose em Freud (1911/1987)

Hipótese etiológica	Modo de estabilização
A representação psíquica incompatível com o eu é rejeitada, projetada para fora da realidade psíquica e retorna sobre o eu como se viesse de fora.	Formação delirante.

Fonte: a autora

A originalidade dessa hipótese é verificável tanto em relação à psiquiatria clássica como com relação ao que, hoje, se conhece a respeito da psicose. Ressalto, aqui, a hipótese de que o delírio não é uma patologia, mas faz parte do processo levado adiante, pelo psiquismo, de encontrar a estabilização para o impacto ameaçador de que as representações psíquicas assumem para o paranoico: "a formação delirante é uma tentativa de restabelecimento, um processo de reconstrução" (FREUD, 1911/1987, p. 94).

Em *Sobre o Narcisismo: Uma introdução* (1914/1987n), Freud avança os achados sobre o que ocorrera com o investimento pulsional na paranoia de Schreber e avança na investigação da clínica da esquizofrenia, elaborando a partir desses achados como o eu é o primeiro objeto de investimento da libido, o primeiro tempo de organização das pulsões parciais autoeróticas em torno do eu. Essa formulação permite que retomemos a hipótese da rejeição e a localizemos na passagem do autoerotismo para a formação do eu. Assim, teríamos o seguinte esquema para a rejeição (*vewerfung*) na psicose exposto no Quadro 16.

Quadro 16 – Tempos do processo psíquico de constituição da esquizofrenia (Freud, 1914/1987n)

Tempos constitutivos	Processo psíquico
Tempo 0	Autoerotismo – pulsões parciais.
Tempo 1	Rejeição da representação psíquica incompatível e fixação no autoerotismo sem passagem para a formação do eu.
Tempo 2	Formação do sintoma primário — fenômenos hipocondríacos.

Fonte: a autora

Essa descoberta por Freud (1914/1987n) da organização das pulsões (do autoerotismo para o narcisismo) a partir da alienação do eu ao outro (não sendo, portanto, um produto exclusivo da maturação neurológica) foi fundamental na construção de um entendimento sobre a etiologia do duplo, testemunhada por meio da descrição da experiência da psicose.

2.2 Caso paradigmático e noção de estrutura

Antes de avançarmos na apresentação dos dois modelos, em Lacan, para a constituição da estrutura psíquica da psicose, gostaria de acentuar o lugar que o caso clínico tem na pesquisa da etiologia da doença. E para tal, retomarei a história de Carlos Chagas, o médico sanitarista que descobriu a *tripanossomíase americana* ou *Mal de Chagas*, a partir da localização de seu vetor de transmissão. Essa história é retomada com precisão por Saulo Carvalho (2020), em *O Caso Paradigmático e a Nosologia Estrutural*.

Carlos Chagas foi de fundamental importância na história da medicina sanitarista por ter descoberto, no início do século XX, o quadro etiológico, o vetor de transmissão e as formas clínicas assumidas pelo Mal de Chagas. É uma realização única na história da medicina. O Quadro 17 apresenta sinteticamente o ciclo patológico identificado pelo médico.

Quadro 17 – Quadro patológico do Mal de Chagas, descoberto por Carlos Chagas

Agente etiológico	Protozoário *Trypanosoma Cruzi*
Reservatório doméstico do protozoário	Gato
Vetor de transmissão	Percevejo (Barbeiro)

Agente etiológico	Protozoário *Trypanosoma Cruzi*
Alterações fisiopatológicas da doença	Sintomatologia — anemia aguda, edemas generalizados, lesões anatômicas subjacentes reconhecidas em fases da doença, atingindo órgãos como o coração e os pulmões.

Fonte: a autora

Esse quadro evidencia, para nós, no campo da psicopatologia, a dimensão da pesquisa etiológica e nosológica de uma determinada doença: trata-se de organizar grupos de sintomas em uma unidade nosológica denominada de doença, no caso, o Mal de Chagas. Nesse processo de descoberta, Carlos Chagas encontrara na menina Berenice, à época com 2 anos, o seu caso paradigmático. Quando Carlos Chagas a viu pela primeira vez, Berenice apresentava febre, edema do olho e uma lesão de pelo arredondada, dura e quente, semelhante a um furúnculo. Moradora da cidade de Lassance, em Minas Gerais, Berenice foi o primeiro caso agudo da doença em 1909, apresentando um quadro sintomatológico que permitiu a Carlos Chagas identificar sua etiologia e os fatores fisiopatológicos subjacentes a esse quadro. Por isso, Berenice é considerada um caso paradigmático. A pergunta que faço se refere exatamente a esse ponto: é possível, no campo psicopatológico, identificar a etiologia, estabelecer as regularidades do curso clínico de um sofrimento psíquico, bem como garantir critérios definitivos para seu diagnóstico, bem como uma única direção de tratamento?

Desde a descoberta da esquizofrenia, por Eugen Bleuler, em 1911, a psicopatologia tem esse desafio pela frente. Conforme vimos no capítulo *A Paixão pelo Transtorno*, as edições do DSM tentaram, por meio dos *pratical kinds* definir unidades nosológicas reais abdicando, para isso, da etiologia psíquica. Essa insistência nas entidades nosológicas como *pratical kinds* lhe custara a crítica de Thomas Insel (2013, s/p):

> Diferentemente de nossas definições de cardiopatia isquêmica, linfoma ou AIDS, os diagnósticos do DSM baseiam-se em um consenso sobre conjuntos [clustrers] de sintomas clínicos e não em qualquer medida objetiva laboratorial. No resto da medicina, isso seria equivalente à criação de sistemas diagnósticos baseados na natureza da dor torácica ou na qualidade da febre. Com efeito, o diagnóstico baseado

> em sintomas, uma vez comum em outras áreas da medicina, tem sido largamente substituído desde o século passado à medida que entendemos que os sintomas só raramente indicam a melhor escolha de tratamento.

De outro lado, vimos também como a orientação para o *natural kind* na neurociência parece ambicionar a redução das psicopatologias ao campo das doenças biológicas, resultante de um déficit neurofisiológico organizando o diagnóstico e a direção de tratamento para a identificação do déficit e normalização do funcionamento neurofisiológico.

Da parte da psicanálise, assume-se a tarefa de identificar as articulações lógicas que os sintomas estabelecem entre si a partir de processos psíquicos específicos e estruturais. Entre o sintoma e a estrutura, a psicopatologia psicanalítica localiza o caso paradigmático. Aqui, encontramos alguns casos paradigmáticos da psicose. Citarei apenas os dois mais recorrentes quando abordamos a psicanálise:

1. O caso do magistrado Daniel Paul Schreber, que para Freud fora paradigmático para o reconhecimento do processo de *verwerfung*.
2. O caso Aimée que não só permitiu a Lacan identificar a etiologia da paranoia como também correlacioná-la a variáveis psíquicas e, seguindo a hipótese de Freud, redefinir a noção de delírio.

2.3 O caso Aimée como paradigmático da etiologia psíquica da psicose

No processo de leitura que Lacan faz da Obra de Freud, encontramos uma evolução de suas contribuições que começam com o que ele mesmo denominou como sendo o *imaginário*, em seguida temos suas contribuições sobre o *simbólico* e, por último, suas formações em torno do *real*. O tema do imaginário é introduzido por Lacan com o caso Aimée e sua publicação na tese de doutoramento "Da psicose paranóica em suas relações com a personalidade" (1932/1987). Observem a denominação de Lacan (1932/1987) para o caso Aimée: *paranoia de autopunição*. Essa tese é muito importante, porque demarca a passagem de Lacan-psiquiatra para o Lacan-leitor de Freud e psicanalista: "Lacan inaugura, à maneira de Freud, um modo de pensamento tópico, que será encontrado ao longo de todo seu trajeto intelectual. Lacan, por meio do caso Aimée deixa a psiquiatria pela psicanálise" (ROUDINESCO, 2008, p. 74-75).

Em 18 de abril de 1931, Margueritte Anzieu (Aimée) aproximara-se de uma atriz famosa, Huguette Duflos, na porta do Teatro Saint-Georges (Paris), onde iria encenar a peça *Tudo vai bem*. Margueritte avançara na direção da atriz perguntando *A senhora é Mme Duflos?* A atriz responde que sim e, então, Margueritte saca um punhal da bolsa e a golpeia. Huguette imediatamente se protege dos golpes com as mãos e o punhal atinge os tendões de sua mão. Margueritte foi contida por assistentes de palco e pelo chofer da atriz, que estavam no local e fora levada para uma prisão em Saint-Lazare, onde ficou por dois meses.

Em junho de 1931, foi transferida para o Hospital Saint-Anne, onde conheceu Jacques Lacan. Nessa época, Lacan tinha 31 anos, exercia a profissão de psiquiatra e escrevia sua tese de doutorado em Medicina sobre o tema da paranoia de autopunição.

Lacan estava diante de uma mulher que, em um primeiro momento, sofrera de um delírio que a levara a cometer um crime; após o crime, essa mesma mulher era a encarnação do remorso e da humildade. Em Sant-Anne, retomou a calma e se perguntou: *o que me fez fazer isso?* Sua paixão, sua monomania homicida, havia cedido para uma estranha tranquilidade.

Margueritte ficara internada por vários anos, sem apresentar nenhuma alteração significativa. Em 1938 é, novamente, transferida para o Hospital Ville-Évrard recebendo alta em 1943. Até sua morte em 1981, assumira uma série de empregos como doméstica e faxineira. Embora Aimée fosse apenas um dos casos da amostra de Lacan para a tese (a amostra da tese consistia, na verdade, de 40 casos), Lacan se interessara por essa súbita mudança da paciente, que marcava um *antes* e um *depois do crime*, ou seja, um antes e um depois de Aimée realizar em ato, a violência que tanto anunciava.

2.4 *O caso Aimée*

O diagnóstico que explicou a origem da paixão homicida que a levara ao cometimento do crime era o de *paranoia de autopunição*, com o *desdobramento especular de seu eu sobre a atriz e o impulso de agredir a si próprio no outro*, conforme demonstra o testemunho de Aimée a Lacan:

> Um dia, enquanto eu trabalhava no escritório, sempre procurando em mim de onde poderiam vir estas ameaças contra meu filho, ouvi uma de minhas colegas falar de Madame Z, Huguette-Duflos. Compreendi que era ela quem estava con-

> tra mim. Eu falara mal dela. Todos a consideravam distinta,
> de classe. Eu protestara dizendo que era uma puta. Era por
> isto que ela devia me querer mal (LACAN, 1932/1987, p. 67).

Esse fato pode ser demonstrado pela tendência, não rara nesses casos, de o paranoico quebrar vidraças e espelhos, na medida em que esses lhe mostram o duplo do seu eu, sem a mediação do simbólico.

A investigação da psicose se apresenta, então, a Lacan desde o momento de seu encontro com Margueritte. E é esse encontro, que transforma Aimée em *O caso Aimée*, paradigmático da paranoia de autopunição, e da formulação:

1. Das condições de constituição como estrutura psíquica — o processo psíquico.
2. Da conjuntura de desencadeamento.
3. Das estratégias de estabilização.

Foi a partir da perspectiva teórica — de que a psicose é uma anomalia da estrutura de personalidade e que seria necessário buscar a conjuntura de seu desencadeamento — que ele localizara, anos antes do casamento da paciente e da gestação de seu primeiro filho, uma conjuntura que já se apresentava na vida de Aimée. Aos 16 anos, ela surpreendeu sua família ao ser reprovada nos estudos de formação de professoras do ensino primário, aspirando vias mais livres elevadas do que a formação de professores ambicionada por sua família. Nessa época dirige uma crítica às professoras, alegando que ela tinha necessidade de uma direção moral, não concedida por *suas professoras laicas, que apenas davam as aulas sem se preocupar com as alunas.* Além disso, uma amiga mais íntima havia falecido de tuberculose e esse falecimento, articulado ao testemunho próprio quanto a necessidade de uma orientação moral, foi incluído por Lacan (1932/1987) em sua investigação da conjuntura de desencadeamento da psicose de Aimée. Então, o que, nesse momento de sua formulação sobre a teoria da psicose, acionaria o desencadeamento da psicose? Quais seriam as variáveis no desencadeamento? A hipótese era de que a conjuntura de desencadeamento se caracterizaria pela ocorrência de uma *mudança da situação vital do paciente.* E elenca tais mudanças, sem ainda reportá-las ao que, quase 20 anos depois, no escrito *De uma Questão Preliminar a todo Tratamento Possível da Psicose* (1957/1998) seria a busca de uma determinação lógica própria à estrutura psicótica e teorizada pelo conceito de *Um-Pai.*

Quadro 18 – Conjunturas de desencadeamento (mudanças da situação vital do paciente) em *Da Psicose paranoica em suas Relações com a personalidade* (1932/1987)

| A mudança da posição social. |
| Aposentadoria. |
| Casamento. |
| Divórcio. |
| Perda dos pais e de entes queridos. |
| Gravidez. |
| Nascimento dos filhos. |

Fonte: a autora

A história clínica de Aimée começara por volta dos 28 anos, na época de sua primeira gestação do casamento com Renné Anzieu. Lacan (1932/1987) observa como a conjuntura da gestação do primeiro filho concorrera para o desencadeamento de sua psicose. De fato, foi durante essa gravidez, 10 anos antes de cometer a tentativa de assassinato da atriz de teatro, Huguette Duflos, que Aimée começa a temer pela vida do bebê a partir das seguintes interpretações delirantes:

1. As conversas dos colegas de trabalho parecem visá-la diretamente: criticam seus atos, caluniam sua conduta e anunciam infelicidades terríveis para ela.

2. Na rua pessoas, que ela jamais conhecera, passam por ela e cochicham contra seu modo de viver, desprezando-a.

3. Nos jornais, reconhece alusões diretas e dirigidas contra ela: são acusações que vão se tornando cada vez mais claras, cuja intenção é provocar a morte do bebê que está gestando. Lacan (1932/1987, p. 155-156) localiza aqui frases que Aimée disse para si mesma: *"Por que fazem isso comigo? Eles querem a morte de meu filho. E esta criança não viver, eles serão responsáveis".*

4. Seu sono é perturbado por pesadelos com caixões e equivalem a alucinações. Os estados afetivos do sonho se misturam às perseguições diurnas.

5. Torna-se violenta e agressiva, assustando as pessoas que a cercam: um dia, armada com uma faca, fura os pneus da bicicleta de um colega, atira um vaso d'água e depois um ferro de passar roupa no marido.

O terrível acontecimento da morte do bebê por causa de uma asfixia por circular de cordão umbilical, agravara, então, o quadro psíquico da paciente, que atribui a responsabilidade pela morte do bebê a seus inimigos — em especial em uma de suas melhores amigas, que lhe havia telefonado pouco depois do parto para saber como Aimée estava: Aimée interpreta esse telefonema como um elemento de estranheza; tudo lhe era estranho. Uma segunda gestação, novamente, acarretara a irrupção de um estado depressivo e de profunda ansiedade, com interpretações delirantes similares a que tivera durante a primeira gestação. O nascimento do segundo filho e o agravamento das interpretações delirantes em torno da existência de ameaças à vida de seu segundo filho, combinada com a decisão repentina de se demitir do escritório onde trabalhava com o marido e migrar, sozinha, para os Estados Unidos a fim de ser romancista (justificado pela explicação de que fazia tudo por seu filho) justificou a primeira internação de Aimée, antes do contexto que a levaria ao cometimento do crime. Essa internação durara 6 meses. E Lacan 1932/1987, p. 151-152) destaca alguns testemunhos de Aimée, extraídos do laudo dessa primeira internação após o nascimento do segundo filho:

1. "Não pensem que eu tenha inveja das mulheres que não dão o que falar delas, das princesas que não sentiram a covardia na pele e não sabem o que é uma afronta".
2. "Há pessoas que constroem currais para melhor me tomar por uma vaca leiteira".
3. "Há também coisas muito vis e remotas sobre mim que são verdadeiras, verdadeiras, verdadeiras, mas a planície está a favor do vento".
4. "Há também comentários de comadres de casas de Tolerância e certo estabelecimento público".
5. "É por esta razão que eu não respondo ao Sr. X, o cavaleiro da Natureza, e também por uma outra".
6. "Antes de mais nada que querem de mim? Que eu construa para vocês grandes frases, que eu me permita ler com vocês este cântico: Ouçam do alto do céu, o grito da pátria, católicos e franceses sempre".

Durante a entrevista clínica com a paciente, Lacan (1932/1987) perguntou algumas vezes a razão pela qual Aimée tinha a certeza de que a vida de seu filho estava ameaçada e ela respondera: *"para me castigar [...] porque eu não realizava a minha missão. [...] Porque meus inimigos se sentiam ameaçados pela minha missão"*. A breve menção anterior, a uma parte da história clínica de Aimée, evidencia a primeira hipótese de Lacan sobre a conjuntura de desencadeamento em acordo com as conjunturas elencadas no Quadro 18: a morte de uma amiga ainda na adolescência, o casamento, as gestações. Dessa forma, a clínica da entrada na psicose se relaciona, em *Da Psicose paranoica em suas Relações com a personalidade* (1932/1987), a uma conjuntura de desencadeamento bem determinada, bem localizada e que, por sua vez, tem como resultado a ocorrência de uma perturbação profunda na significação da realidade, com uma série de interpretações delirantes de forte conotação emocional e ligada à *significação pessoal*. Esse ponto é fundamental para a nossa compreensão do desencadeamento da psicose, na perspectiva da psicanálise, porque mostra já no estudo do caso Aimée uma propriedade do delírio que será muito trabalhada por Lacan ao longo de seu avanço na direção de definir o imaginário: o fato de que há uma relação entre a interpretação delirante e a significação pessoal. Essa relação evidencia a predominância do *transitivismo* na relação do sujeito psicótico com o outro, a hegemonia da captação imaginária na base das relações do sujeito com a realidade, e da qual o sujeito não se liberta, não reconhecendo que delírios e alucinações são suas produções.

2.5 O modelo psicopatológico centrado no imaginário

O ensino de Lacan — desde suas primeiras formulações sobre o imaginário, passando pelo simbólico, até o real — é atravessado pela experiência clínica com a psicose. Na época de sua tese de doutorado (LACAN, 1932/1987), dedicou-se a pesquisar a causalidade psicogenética da psicose de autopunição — a partir do problema de pesquisa referente à distinção diagnóstica entre problemas neurológicos e psicopatologias: *se a chave da psicose for uma lesão cerebral, então o que distingue um doente neurológico de um paciente psiquiátrico?* Somente em 1955, por ocasião de *O Seminário. Livro 3. As Psicoses* (1955-1956/1986), ele responderá com a elaboração do conceito de foraclusão, considerando os achados de Freud referentes ao processo psíquico de rejeição e projeção. Além disso, Lacan (1955-1956/1986) avançou na direção pensar o tratamento possível para os casos de psicose. Com relação ao tratamento, defendera que o tratamento psíquico alcançava, nesses casos, a possibilidade de uma intervenção eficaz.

A conjunção entre pesquisa etiológica da psicose e uma interrogação sobre a direção de tratamento desses casos, é fundamental para entendermos a própria escolha de Lacan pelo tema da paranoia em um contexto que, conforme estudamos anteriormente (em *A Paixão pelo Transtorno)*, já indicava um direcionamento nihilista da psiquiatria com relação à hipótese da causalidade psíquica e seu empenho em determinar a causa orgânica da psicose. Suponho que esse posicionamento de Lacan esteja na base da crítica que, pouco tempo depois, em *A Psiquiatria Inglesa e a Guerra* 1947/2003), endereçara a psiquiatria de sua época:

> Minha exposição detém-se no ponto em que se descortinam os horizontes que nos projetam na vida pública, ou até, que horror!, na política. Sem dúvida, aí encontraremos objetos de interesse que nos compensarão por aqueles trabalhos apaixonantes do tipo 'dosagem dos produtos de desintegração ureica na parafrenia fabulatória', inexauríveis produtos do esnobismo de uma ciência postiça, nos quais o sentimento predominante de inferioridade diante dos preconceitos da medicina, por parte de uma psiquiatria já ultrapassada era compensado. (LACAN, 1947/2003, p. 124).

Nessa crítica, fica evidente o impacto do modelo biológico no entendimento da experiência subjetiva e sua posição antikraepeliniana frente à hipótese desenvolvida pelo seu professor Henry Ey de que a psicose é uma doença orgânica.

O interesse de Lacan pelo efeito de tranquilidade observado em Margueritte, após o cometimento do crime, é inseparável de seu processo de elaboração conceitual sobre a formação do eu por meio da teoria do imaginário. Com a observação desse efeito de apaziguamento em Margueritte no quadro mais amplo da história clínica envolvendo um delírio com a atriz, Lacan pôde formular a hipótese de uma dimensão de alienação, de desconhecimento próprio à formação do eu e do qual é impossível se desfazer. Essa dimensão de alienação comparece na clínica da psicose por meio do fenômeno do duplo, tal como se evidenciara na relação delirante que confinava, aprisionava Margueritte à atriz. Para Lacan (1932/1987), o crime é produto do empuxo à liberdade, da reivindicação sem limites à liberdade, que seria típica da psicose. Essas considerações conceituais foram trabalhadas por Lacan nas seguintes referências:

1. *Formulações sobre a causalidade psíquica* (1946/1998).
2. *O estádio do espelho como formador da função do eu* (1949/1998).
3. *Introdução teórica às funções da psicanálise em criminologia* (1950/1998).
4. *O Seminário. Livro 1. Os Escritos Técnicos de Freud* (1953-1954/1983).

Tais referências permitiram formalizar uma hipótese sobre a causalidade psíquica da psicose a partir do empuxo à liberdade do eu, de ruptura brusca com a alienação fundante do eu, experienciada na psicose. E que Margueritte evidenciava ao afirmar que compreendera por que Huguette Duflos estava contra ela, que ela a chamara de *puta* e que, por isso, a atriz a queria mal (LACAN, 1932/1987). Gostaria, nesse ponto, de chamar atenção de vocês para o seguinte fato: Lacan se aproximara da tese freudiana da causalidade psíquica e, entre a tese de 1932 e o seminário 1, ele definiu a causalidade psíquica com base na retomada da avaliação das considerações conceituais de Freud sobre o processo de constituição do eu na psicose.

O Quadro 19 apresenta, sinteticamente, o que na época denominou de *pontos de estrutura* (LACAN,1946/1998, p. 169-170) com base no caso paradigmático de Aimée. Gostaria de acentuar que na época do tratamento de Aimée, Lacan ainda não havia elaborado o conceito de foraclusão para denominar o processo psíquico específico da psicose.

Quadro 19 – Índices diagnósticos a serem observados para o diagnóstico de paranoia, com base no caso Aimée

Os perseguidores personificam um ideal de malignidade contra a qual sua necessidade de agressão vai se expandindo, crescendo.
A representação de si mesmo personifica um ideal de pureza e devotamento, totalmente oposto ao ideal de malignidade dos perseguidores.
O sujeito paranoico é objeto das investidas do perseguidor: é uma vítima eleita.
Falta um termo entre o ser do sujeito e a imagem ideal, o Édipo, como condição do sentimento de realidade.
Neutralização da categoria sexual em que o sujeito paranoico se identifica. Isso explica o caráter platônico da erotomania e da prevalência de amizades femininas no caso de mulheres paranoicas.
A história do sujeito paranoico é constituída por uma luta para realizar uma vida comum, ter deveres familiares ou posições sociais.

A intervenção de um terceiro extirpa, do sujeito paranoico, suas posições sociais ou deveres familiares.
Emergência do fenómeno do delírio paranoico.
O sujeito paranoico realiza com sua conduta, com seu ato, o próprio mal que denuncia.

Fonte: a autora

A teorização do estádio do espelho, por Lacan (1949/1998), nesse primeiro momento de seu ensino, permitiu formalizar as condições psíquicas de constituição do eu, bem como localizar as condições de constituição e desencadeamento da psicose. Consideremos, então, um resumo do eixo de articulação entre Freud e Lacan na época da formulação do estádio do espelho, apresentado no Quadro 20.

Quadro 20 – Estádio do Espelho e Narcisismo

O estádio do espelho é uma releitura freudiana do narcisismo.
Freud (1914) já acentuara a relevância do outro na constituição do eu. É conhecida a fórmula do narcisismo, em Freud, de que se trata de uma projeção do Ideal do eu, dos pais, sobre a criança.

Fonte: a autora

Infelizmente, observamos na psiquiatria contemporânea o desinteresse pelas variáveis psíquicas que concorrem para a constituição da psicose, para o desencadeamento de suas crises e para a sua estabilização. Avançando no procedimento de formalização dos conceitos de Freud com vistas a esclarecer as variáveis psíquicas em jogo na constituição da psicose, o desencadeamento das crises e o processo de estabilização, Lacan (1956/1998[4]) formulará o Esquema L. O Esquema L, exposto na Figura 1, já é produto da articulação entre o estágio do espelho e a linguística. Essa articulação permite não só pensar a relevância do outro na constituição do eu à luz do próprio funcionamento da estrutura da linguagem.

---

[4] O Esquema L foi introduzido por Lacan em *O Seminário. Livro 2* (1954-1955). Mas voltou a ser publicado em Lacan, J. O seminário sobre "A carta roubada". (1956). *In: Escritos*. Rio de Janeiro: Jorge Zahar, 1998.

Figura 1 – Esquema L (1956/1998)

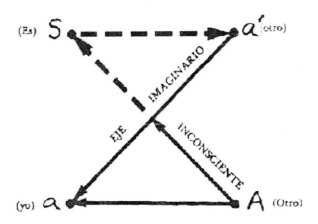

Fonte: Lacan (1956/1998)

Utilizando o Esquema L para formalizar a constituição do eu no estádio do espelho, temos que a experiência do corpo fragmentado em S (es) se transforma pela relação com o outro (a') em uma unidade totalizante (a). Ou seja, o esquema L deixa claro como o eixo imaginário é composto pela constituição do eu por meio da alienação ao outro, correspondendo teoricamente ao narcisismo primário de Freud (1914/1987). O que significa que o eixo a-a' é o eixo imaginário. É importante ressaltar que Lacan se apoiou nos estudos de Henri Wallon sobre o reconhecimento, pela criança pequena, de sua imagem no espelho antes da coordenação motora ser neurologicamente possível. Mas acrescento a isso que a construção do eu demonstra a antecipação das funções psicológicas em relação às funções neurológicas.

Podemos considerar que o Esquema L é um avanço e uma simplificação do estádio do espelho. Com ele, podemos localizar como a psicose é marcada pela regressão ao estádio do espelho, no sentido preciso de que verificamos a hegemonia do transitivismo e do despedaçamento corporal. Tomando Schreber como exemplo, temos que sua experiência de ser *um desperdício, um cadáver leproso que carrega outro cadáver leproso*, que sua experiência de irrealização do corpo é exemplo típico dessa regressão. Mas percebam como Lacan (1956/1998) introduz no Esquema L a presença da estrutura da linguagem representada pela letra A. Essa estrutura, por meio dos significantes ordenam a constituição do eu.

Observamos, no Esquema L, a oposição entre os fenômenos do imaginário (transitivismo, por exemplo) e os fenômenos do simbólico, representados, na Figura 1, pelo eixo do inconsciente (metáfora e metonímia, formações do inconsciente), indicando o desconhecimento, por parte do eu, com relação à cadeia de significantes que o constituem. Então, com o avanço da lógica do significante, Lacan introduz na compreensão da constituição do eu a anterioridade da estrutura da linguagem.

A relevância da estrutura da linguagem comporá o eixo central do ensino de Lacan dedicado ao simbólico representando, para nós, o segundo modelo psicopatológico. Aqui, alguns fenômenos da linguagem na psicose (por exemplo, os neologismos), bem como a formalização do processo psíquico de foraclusão (*Vewerfung*) e das condições de desencadeamento da psicose ficam bem claros.

2.6 O modelo psicopatológico centrado no simbólico

Dois axiomas definem a releitura do conceito de inconsciente a partir do simbólico:

1. O inconsciente é estruturado como uma linguagem.
2. O significante é o que representa um sujeito para outro significante.

Esses axiomas expressam a elaboração de um modelo estrutural original pautado na potência de generalização do significante, na natureza de sua ação parcial sobre o real, em contraposição à própria generalização que o modelo biológico imprimia à psiquiatria. O que abriu a possibilidade de um entendimento distinto a respeito do funcionamento das estruturas psíquicas, inseparável da perspectiva ética que obedece radicalmente à especificidade de sua causalidade: as estruturas não são generalizações, elas se comunicam com o real, com a pulsão. No marco do segundo ensino, a formalização do inconsciente permitiu, então, à psicanálise elaborar um modelo que denuncia a tendência do modelo bioquímico à hipergeneralização e a redução da clínica psiquiátrica ao procedimento burocrático de prescrição medicamentosa. Isso pode ser verificado nas seguintes referências:

1. *Função e Campo da Fala e da Linguagem em Psicanálise* (1953).
2. *O Seminário. Livro 2: O Eu na Teoria e na Técnica da Psicanálise* (1954-1955).
3. *Seminário sobre A Carta Roubada* (1956).

4. *De uma Questão Preliminar a todo Tratamento Possível da Psicose* (1955-1956).

5. *A Instância da Letra no Inconsciente ou a Razão desde Freud* (1957).

Esses escritos e seminários compõem o projeto de retorno a Freud e confronta o leitor de Lacan com coordenadas importantes que garantem a especificidade da psicanálise em relação à psiquiatria de época. Trata-se da condução de uma leitura do conceito de inconsciente a partir da categoria de estrutura, aplicando à metapsicologia freudiana o estatuto preciso de uma instância lógico-simbólica e sem recuar em relação à tese freudiana referente ao sentido do sintoma e à formalização que Freud (1923/1987, 1924/1987[5]) já realizara com relação ao funcionamento da neurose e da psicose. Para isso, recorre à Linguística Estrutural e à Antropologia, sustentado na tese de que a posição científica está implicada no cerne da descoberta psicanalítica (LACAN, 1953/1998) sem precisar se deixar contaminar pelo sentimento de inferioridade que marca a psiquiatria em relação à Medicina.

2.5.1 A categoria de estrutura

O termo *estrutura* está presente ao longo de todo o ensino de Lacan recebendo, da parte dele, uma abordagem sistemática. Vou me concentrar somente no segundo momento de seu ensino, dedicado ao simbólico. Mas podemos encontrar a referência à *estrutura* no primeiro ensino dedicado ao imaginário, quando Lacan define o estádio do espelho como constituinte do eu: aqui, Lacan localiza no desejo do Outro a matriz da constituição do eu como imagem de si; e, dessa forma, *eu ideal* e *ideal do eu* também fariam parte da estrutura psíquica. Mas é nos anos de 1950 que Lacan aprofundará a definição de *estrutura* ao seguir de perto a definição que Ferdinand Saussure (1972) elabora sobre o *signo linguístico*. A pergunta que precisamos fazer para entendermos a definição da estrutura da linguagem em Lacan é: o que, do estruturalismo, foi necessário a Lacan para apreender o pensamento de Freud, para apreender o conceito de inconsciente?

É preciso ficar claro que a categoria de *estrutura* se refere, em Lacan, à *estrutura da linguagem*. À época, suas fontes de consulta eram: Roman Jakobson, a linguística estrutural de Ferdinand de Saussure e a Antropologia de

---

[5] Respectivamente: Freud, S. (1923). Neurose e psicose. *In*: Freud, S. *Edição Standard Brasileira das Obras Psicológicas Completas de Sigmund Freud*. v. 19. p. 189-193. Rio de Janeiro: Imago, 1987. Freud, S. (1924). A perda da realidade na neurose e na psicose. *In*: Freud, S. *Edição Standard Brasileira das Obras Psicológicas Completas de Sigmund Freud*. v. 19. p. 229-234. Rio de Janeiro: Imago, 1987.

Claude Lévi- Strauss. O recurso a essas referências levaram Lacan a uma redução importante e que consistiu na lógica do significante: por isso, o axioma *o inconsciente é estruturado como linguagem*, ou seja, seu funcionamento obedece a estrutura da linguagem. Mas como Lacan chegou a essa redução? Ela obedece a dois marcos importantes:

2.5.1.1 Primeiro marco: Antissubstancialismo da língua

O substancialismo é uma doutrina que se funda na diferença de propriedades intrínsecas dos seres e implica, portanto, que existem substâncias dotadas de propriedades que podem ser consideradas em si mesmas. A definição de signo linguístico, que Ferdinand Saussure formula em *Curso de Linguística Geral* (1972), contraria o substancialismo, exatamente porque o signo linguístico é uma entidade psíquica composta por duas faces arbitrariamente ligadas: *conceito* (ou *significado*) e a *imagem acústica* (ou *significante*). Essa ligação entre significado e significante, entre conceito e imagem acústica, é *arbitrária*, ou seja, seus valores dependem do lugar que ocupam na língua, o que evidencia a ausência de uma relação interna e natural entre eles. Na representação gráfica que Saussure apresenta do signo linguístico, essa arbitrariedade comparece sob forma de uma barra que separa o significado e o significante:

Figura 2 – Algoritmo do signo linguístico (segundo Saussure)

Fonte: a autora

A partir da formulação do caráter arbitrário do signo linguístico, Saussure define que *na língua só existem diferenças*, ou seja, a realidade definida pela língua é feita de diferenças, ou seja, é feita da relação entre significado e significante sem que significado e significante designem substâncias. Mas, para que essas diferenças ocorram, é preciso haver pelo menos dois elementos: significado e significante, um signo e outro signo.

Um terceiro ponto importante se relaciona, especificamente, ao significante: ele é *linear*. Isso quer dizer que o significante, sendo de natureza auditiva, desenvolve-se somente no tempo, ou seja, os significantes, por serem acústicos, apresentam-se um após os outros. O Quadro 21 sintetiza os princípios do signo linguístico.

Quadro 21 – Princípios do signo linguístico

Princípios	Característica
Arbitrariedade do signo	O signo linguístico é uma entidade psíquica composta pela ligação entre significado (conceito) e significante (imagem acústica). Essa ligação é arbitrária, ou seja, não há uma ligação natural entre significado e significante no campo da realidade.
Diferença	A realidade definida pela língua é feita de diferenças, ou seja, da relação entre significado e significante sem que significado e significante designem substâncias. Para que essas diferenças ocorram, é preciso haver pelo menos dois elementos: significado e significante, um signo e outro signo.
Caráter linear do significante	Os significantes, por serem acústicos, apresentam-se em linha, um após o outro.

Fonte: a autora

Esses princípios do signo linguístico, definidos por Saussure (1972) definem o antissubstancialismo da linguística estrutural:

> Para certas pessoas, a língua, reduzida a seu princípio essencial, é uma nomenclatura, vale dizer, uma lista de termos que correspondem a outras tantas coisas. Tal concepção é criticável em numerosos aspectos. Supõe ideias completamente feitas, preexistentes às palavras; [...] ela faz supor que o vínculo que une um nome à uma coisa constitui uma operação muito simples, o que está bem longe da verdade. [...] O signo linguístico une não uma coisa e uma palavra, mas um conceito e uma imagem acústica. (SAUSSURE, 1972, p. 79-80).

Assim, a língua se define pelas relações de oposição que seus elementos mantêm entre si, não sendo senão um sistema de valores puros que, internamente combinados, produzem o signo e, externamente, a relação entre os signos (SAUSSURE, 1972). Nessa perspectiva, a língua é uma estrutura e não uma substância.

A categoria de estrutura, fundamentada nos princípios do signo linguístico e em seu antissubstancialismo orienta, então, o modo como Lacan constrói a lógica do significante.

A lógica do significante é indissociável da tese do inconsciente tal como Lacan a expõe desde *A Instância da Letra no Inconsciente ou a Razão desde Freud* (1957/1998) e em que o define como sendo estruturado pela linguagem. Nas linhas que se seguem, constam as bases dessa definição que *situa o significante em uma posição de preexistência em relação ao inconsciente, sendo, inclusive, sua condição de possibilidade*. Essa posição do significante promove o enfraquecimento da problemática relativa à gênese da linguagem: com Lacan, a questão não é mais como o ser humano adquire a linguagem *e sim, como sua estrutura, a ele, se apresenta*.

No escrito *A Instância da Letra no Inconsciente ou a Razão desde Freud* (LACAN, 1957/1998) se encontram presentes, de uma forma bem marcante, as influências de Claude-Lévi Strauss e Saussure ao longo de sua exposição acerca da categoria de significante. Nele, Lacan (1957/1998) estabelece uma inversão do algoritmo saussuriano, da seguinte forma: o significante passa a ocupar a parte superior e o significado, a parte inferior. Por que motivo Lacan opera essa inversão? Considerando com atenção o exemplo dado por Lacan em *A Instância da Letra no Inconsciente* (1957/1998), façamos um esforço para contextualizá-lo no algoritmo de Saussure:

Figura 3 – Algoritmo do signo linguístico e o exemplo *hommes-dammes* de Lacan (1957/1998)

Fonte: a autora

No exemplo de Lacan, temos dois significantes (*homens* e *mulheres*) e dois significados absolutamente idênticos, que não particularizam, que não especificam os significantes, que nada informam acerca da distinção dos sexos no momento em que buscamos o toilette. Na verdade, são os dois significantes (*homens* e *mulheres*) que informam algo a respeito do significado.

Assim, com esse exemplo, Lacan introduz a função ativa do significante, mostrando o quanto ele atravessa a barra do algoritmo e invade o significado. A inversão está, portanto, determinada:

Figura 4 – A inversão da estrutura do signo linguístico

Algoritmo de Saussure

Á.R.V.O.R.E (S)

Algoritmo de Lacan (1957 1998)

Homens   Mulheres

Fonte: a autora

Essa inversão deixa clara para nós a posição que os elementos assumem no algoritmo: de um lado, o significante prevalece sobre o significado; de outro, o significado se desloca para uma posição secundária na medida em que ele nada informa acerca do significante, na medida em que o significante é independente da significação. Nessa perspectiva, o significante se define como aquilo que não significa nada, como o que não tem nenhuma relação com o significado. O algoritmo de Lacan pode, então, ser escrito da seguinte maneira, obedecendo aos princípios do signo linguístico já identificados por Saussure (1972) — arbitrariedade, diferença e linearidade.

Fórmula 1 – Algoritmo de Lacan (1957/1998)

$$S1 - S2$$

Dessa forma, o significante obedece ao princípio da oposição no qual cada significante guarda, em relação ao outro, sua diferença. A partir de então, o significante — tal como é formulado por Lacan — nos introduz em uma estrutura que se define como sendo, precisamente, de cadeia linear: se a função do significante exclui a possibilidade de ele significar a si próprio, é preciso que haja um outro significante em relação ao qual ele possa se definir. É preciso, portanto, supor um conjunto de definições correlatas, cuja base remonta ao binarismo de Jakobson: *o mínimo do significante é dois* (S1 e

S2). Estabelecendo um entrecruzamento das noções de *cadeia* e *binarismo*, depreendemos que o significante obedece a uma ordem de *remissão*: um significante remete, sempre, a outro significante. Essa ordem de remissão nos conduz, assim, à ideia de *conjunto* que — no quadro do que estamos abordando — assume a designação de *tesouro dos significantes*, ou, ainda, de *estrutura significante*. Em *O Seminário. Livro 3. As Psicoses* (1955-1956/1986, p. 210) — encontramos uma rigorosa pontuação acerca da lógica do significante. Dela, reproduzimos um breve momento:

> A estrutura é em primeiro lugar um grupo de elementos formando um conjunto covariante: Eu disse um conjunto, e não uma totalidade. Com efeito, a noção de estrutura é analítica. [...] a noção de estrutura é por si própria uma manifestação do significante [...]. No fim de contas, ao olhá-las de perto, a noçao de estrutura e a do significante aparecem inseparaveis.

É assim que a estrutura da linguagem e sujeito se articula, para Lacan, já que o sujeito é capturado pela linguagem que o antecede e permanece submetido à determinação da lógica do significante e da ordem simbólica. Podemos, então, ampliar o algoritmo de Lacan (1957/1998) para que possamos incluir o sujeito, e tornar inteligível o segundo axioma do ensino de Lacan dedicado ao simbólico: *O significante* é o que representa um sujeito para outro significante, ou seja, o sujeito pode se reconhecer nos intervalos, nos lapsos da cadeia significante, nesses momentos em que o sujeito é traído pela irrupção de uma verdade inesperada, conforme Freud (1900/1987) identificara por meio do sonho, do ato falho e do próprio sintoma.

Fórmula 2 – Algoritmo de Lacan para a determinação do sujeito (1957/1998)

$$\frac{S1 \qquad S2}{\cancel{S}}$$

Tomemos, então, até aqui, os principais pontos do segundo ensino de Lacan, centrado no simbólico e, em especial, na releitura do conceito freudiano de inconsciente a partir da lógica do significante:

1. A estrutura de remissão do significante segundo a qual um significante remete a outro significante (S1-S2).
2. A determinação do sujeito pelo significante.

2.5.1.2 Segundo marco: O Outro como tesouro dos significantes

Dessa estrutura de remissão — que caracteriza o significante — deduzimos a definição de *Outro* (A): é o *tesouro, o conjunto, dos significantes*. Em *S'truc dure*, Jacques-Alain Miller (1990, p. 93) nos oferece uma referência importante da definição de Outro: "Evidentemente es un concepto muy refinado el de gran Outro, porque nombra, con la misma inscripción, tanto al Outro al que uno es remetido como al Outro em tanto que tesoro".

Mas por que Lacan utiliza o matema A para designa o Outro? Por que o tesouro dos significantes, para Lacan, é representado com uma barra sobre sua sigla? O que define essa barra? Quando Lacan assim escréve o Outro, ou seja, quando o representa com o matema A, ele introduz a *falta*. O que significa que o tesouro dos significantes não é completo, não é totalitário. O que permite que um significante sempre possa se remeter a outro significante.

A presença da falta confere ao tesouro dos significantes o caráter de conjunto aberto, não totalizado e impõe uma implicação fundamental: *não há Outro do Outro*. O Outro é, portanto, inconsistente na medida em que não há elemento último, não há uma substância que defina o sujeito. É esta formulação — que encontramos enunciada ao longo de todo o seminário *A Identificação* (1962): a razão de ser do sujeito está na sua constituição a partir de um significante que está fora da interioridade subjetiva e que depende da época. Retomando o que afirmei anteriormente, sobre o fato de a concepção de *estrutura* estar presente em todo o ensino de Lacan, testemunharemos uma consequência importante dessa formulação sobre a falta no Outro em *O Seminário. Livro 20. Mais Ainda* (1972-1973/1985): *não há metalinguagem, não há linguagem do ser*. Como, então, a lógica do significante se articula à tese do inconsciente?

2.5.2.2 O conceito de inconsciente à luz da lógica do significante

O ponto de referência para essa articulação remonta a obra freudiana — mais especialmente *A Interpretação dos Sonhos* (1900/1987), a qual Freud faz uma análise dos mecanismos do sonho: a *condensação* e o *deslocamento*. Em *O Seminário. Livro 3. As Psicoses* (1955-1956/1986), Lacan deduz, desses mecanismos inconscientes, as *leis de funcionamento do significante*: a *metáfora* e a *metonímia*. Esse seminário representa o primeiro momento em que ambas as leis são introduzidas e convém marcar que, nele, Lacan

(1955-1956/1986) situa a metonímia como o que está no ponto de partida da metáfora, tornando-a, assim, possível.

Sua fonte remonta à retórica, mas o destino que metáfora e metonímia tomam no contexto da psicanálise vincula-se, diretamente, à lógica do significante. Lacan (1955-1956/1986) admite que as figuras de retórica não definem, satisfatoriamente, a metáfora e a metonímia na medida em que, para a retórica, a metonímia seria uma espécie de empobrecimento da metáfora. Lacan (1955-1956/1986) se opõe a esse modo de definição da metonímia e a considera como aquilo que possibilita a própria metáfora.

A *metáfora* supõe, em linhas gerais, a similitude ou similaridade. Ela difere de uma comparação na medida em que supõe, de um lado, a identificação entre duas palavras e, de outro, a substituição de uma pela outra. Tomemos, como exemplo de metáfora, um trecho da poesia de Fernando Pessoa, intitulada *Hora Absurda* (1913):

> O teu silencio é uma nau com todas as velas pandas... Brandas, as brisas brincam nas flâmulas, teu sorriso...
>
> E o teu sorriso, no teu silêncio, é as escadas e as andas... Com que me finjo mais alto e ao pé de qualquer paraíso...
>
> Meu coração é uma ânfora que cai e se perde...
>
> O teu silêncio recolhe-o e guarda-o, partido, a um canto...
> Minha idéia de ti é um cadáver que o mar traz à praia... e
>
> Entanto Tu és a tela irreal em que o erro com cor a minha arte.

Tomando como referência os termos *silêncio* e *nau* ou *coração* e ânfora, depreendemos que não há, entre eles, nenhuma relação de sinonímia de modo que o que garante o vínculo entre ambos — na poesia — é o *sentido que se obtém da estrutura de remissão*. Nessa perspectiva, a metáfora se dá em função do sentido similar que ambos os termos tomam na poesia. Trata-se, simplesmente, de uma articulação posicional sem referência a nenhum significado prévio. Segundo uma terminologia lacaniana, diríamos que a metáfora supõe a substituição de um significante produzindo, como efeito dessa substituição, o sentido. Sua fórmula é, assim, representada por Lacan:

Fórmula 3 – A Metáfora

$$f\,(S'/S)\,S \cong S + s$$

O sinal positivo presente nessa fórmula indica, precisamente, a transposição da barra que separa ambos os significantes e, consequentemente, a produção do sentido. Se, agora, retornamos à poesia de Fernando Pessoa e aplicarmos a seu primeiro verso — *"o teu silencio é uma nau* com todas as velas pandas..." — a fórmula da metáfora, teremos:

Fórmula 4 – A Metáfora na poesia *Hora Absurda*

$$f(S'/S) \qquad S \cong \qquad S + s$$

$$f(\text{Silêncio/nau}) \ S \cong \text{advento do sentido em questão}$$

À *metáfora*, Lacan articula o mecanismo inconsciente da *condensação* já que, no contexto da obra freudiana, essa é definida pelo fato de um elemento isolado ter sua forma verbal substituída por outra (FREUD, 1900/1987).

A segunda figura de retórica é a *metonímia*. Em linhas gerais, essa supõe a definição, a nomeação de uma coisa por outra que lhe é contígua. Basicamente o que se encontra em jogo na metonímia é a presença de uma relação de contiguidade entre dois significantes. Conforme dissemos, anteriormente, os retóricos consideram a metonímia como sendo um empobrecimento da metáfora. A posição de Lacan (1956/1998) é inversa: a metonímia é, antes, o que torna possível a metáfora.

Sua estrutura supõe a conexão de significante a significante e sua fórmula pode ser, assim, representada:

Fórmula 5 – A Metonímia

$$f(S...S') \cong S(-)s$$

A primeira parte da fórmula f (S...S') — expressa o caráter deslizante do significante; a segunda parte, contém a barra (-) que designa a impossibilidade de ser transposta pelo significado. O exemplo mais expressivo da metonímia é indicado pelo relato feito, por Freud (1900/1987, p. 682), do sonho de sua filha Anna Freud:

> Uma menininha de 19 meses fora mantida sem alimento durante todo o dia porque havia tido uma crise de vômito pela manhã; sua babá declarou que ela havia passado mal

> por comer morangos. Durante a noite que sucedeu ao seu
> dia de jejum, foi ouvida dizer no sono o seu próprio nome e
> acrescentou: molangos, molangos silvestres, omelete, pudim!

Se retomarmos a fórmula da metonímia e aplicarmos ao sonho de Anna Freud, teremos:

Fórmula 6 – A Metonímia no sonho de Anna Freud

$$f (S...S') \cong S (-) s$$

$$f (morangos...omelete...pudim)$$

À *metonímia*, Lacan articula o mecanismo inconsciente do *deslocamento*. A articulaçao entre o significante e o inconsciente encontra, ainda uma outra referência, quando Lacan, em *A Instância da Letra no Inconsciente ou a Razão desde Freud* (1957/1998), chama atençao para o fato de Freud (1900/1987) considerar que as imagens dos sonhos possuem um valor de significante e cita — para sustentar essa consideração — a própria analogia que Freud faz entre essas imagens e os hieróglifos do Egito que impõem decifração. Assinalo, ainda, dois aspectos fundamentais relativos a esta questão:

1º Na própria *Carta 52* (1896/1987g) Freud define o Inconsciente como um sistema de traços, de inscrições.

2º No artigo metapsicológico *O Inconsciente* (1915/1987r), Freud define o inconsciente como sendo composto por representações abertas.

De qualquer forma, essa articulação que Lacan estabelece entre, de um lado, a metáfora e a metonímia e, de outro, os mecanismos inconscientes da condensação e do deslocamento, expressa os axiomas do segundo ensino de Lacan:

1. O inconsciente é estruturado como uma linguagem.
2. O significante é o que representa um sujeito para outro significante.

Sabemos que o ensino de Lacan avança na direção de um terceiro modelo psicopatológico, centrado no *real*. No entanto, não o apresentarei aqui, decidindo por organizar os próximo capítulos em torno de quatro categorias conceituais que, na psicopatologia psicanalítica, são fundamentais na elucidação da etiologia psíquica da psicose: *foraclusão, desencadeamento, fenômenos elementares e estabilização*.

CAPÍTULO 3

O CONCEITO DE FORACLUSÃO – PARTE I

3.1 Considerações iniciais

No início não é a origem, mas o lugar.

(Jacques Lacan)

Eu tenho uma ontologia — por que não? —
como todo mundo tem uma, ingênua ou elaborada.

(Jacques Lacan)

Ordenei que tirassem meu cavalo da estrebaria. O criado não me
entendeu. Fui pessoalmente à estrebaria, selei o cavalo e montei-o. Ouvi
soar à distância uma trompa, perguntei-lhe o que aquilo significava. Ele
não sabia de nada e não havia escutado nada. Perto do portão ele me
deteve e perguntou: — Para onde cavalga senhor? — Não sei direito —
eu disse —, só sei que é para fora daqui, fora daqui. Fora daqui sem
parar; só assim posso alcançar meu objetivo.

(Franz Kafka A Partida)

Começo o capítulo com duas frases do psicanalista francês Jacques Lacan e com um trecho do poema de Kafka *A Partida*. As primeiras se articulam aos modelos psicopatológicos, apresentados, anteriormente, neste livro. Observem que Lacan faz um jogo entre *origem* e *lugar*. A terceira, é sobre viagem, sobre errância — aquela viagem que se faz para o *fora-daqui e sem parar* — às vezes, com certa urgência e, paradoxalmente, sem necessidade de se levar absolutamente nada.

As frases se encontram em um ponto: na nossa condição ontológica. Sabemos desde a elaboração da teoria das pulsões, por Freud, o que é a dimensão ontológica a partir da fundação da psicanálise: a relação do ser humano com o limite do que ele pode saber sobre si mesmo, sobre sua origem, a relação do ser humano com seus afetos, com suas pulsões, com seu *pathos*. Nenhum Ser, nenhum programa instintual responde às duas perguntas que atravessam a humanidade, desde o final do século XVIII, quando Kant a colocou como fundamento das ciências humanas:

1. O que posso eu saber?
2. O que devo eu fazer?
3. O que me é permitido esperar?
4. O que é o homem?

Essas interrogações constituíram o solo de problemas das ciências humanas com a ramificação de seus saberes: a história, a etnologia, a psicologia, a psicanálise. Mas foi com a psicanálise, com a elaboração dos conceitos de inconsciente e de pulsão, que ficou claro para a humanidade o peso das interrogações kantianas: elas revelam nosso limite de saber, nossa condição ontológica de falta-a-ser por onde emerge a experiência da angústia, do desespero, do desamparo, da dor inominável, do desconhecimento de quem somos, do ciúme, da solidão, da errância. Tudo isso pode nos habitar, tudo isso comparece no trabalho clínico. Entender a falta-a-ser e aceitá-la, primeiro, em nós; escutar e identificar a falta-a-ser exige a combinação entre a complexidade dos conceitos aqui apresentados com a sensibilidade e intuição frente a essas experiências limites, mas demasiadamente humanas.

Anteriormente, estudamos dois modelos em psicopatologia psicanalítica: o imaginário e o simbólico. Que relação esses modelos teriam com o que eu acabei de colocar aqui a respeito da falta-a-ser? É uma pergunta importante, que situa a psicopatologia psicanalítica no cerne dessa condição ontológica.

Os modelos não se opõem, há uma dialética entre imaginário e simbólico, mas indicam o estatuto do eu:

1. O eu se constitui por meio de um processo de alienação em uma imagem de si situada no outro (transitivismo).
2. Esse processo de alienação é definido por meio do conceito freudiano de identificação.
3. O eu se situa no campo do imaginário, na relação identificatória com o outro.
4. Na base desse processo de alienação reside uma causalidade material: a linguagem, o significante.
5. O conjunto de significantes compõe o Outro.
6. O sujeito se situa no campo do simbólico.

Os dois modelos (Imaginário e Simbólico) partem da falta-a-ser, da ausência de Ser, e avança conceitualmente na direção de estabelecer alguma formalização para a relação entre o ser humano e a falta-a-ser. Em termos gerais, podemos localizar nos processos psíquicos de recalcamento e foraclusão, dois modos de lidar com falta-a-ser. Neste capítulo, abordaremos o conceito de foraclusão.

3.2 Pensar a falta-a-ser na contraposição da redução da experiência da loucura a objeto de cuidado

> *– Conhece então o seu objetivo? – perguntou ele. – Sim – respondi*
> *– Eu já disse: "fora- daqui", é esse o meu objetivo. – O senhor não*
> *leva provisões – disse ele. – Não preciso de nenhuma – disse eu. – A*
> *viagem é tão longa que tenho de morrer de fome se não receber nada no*
> *caminho. Nenhuma provisão pode me salvar. Por sorte esta viagem é*
> *realmente imensa.*
>
> *(Franz Kafka. A Partida)*

Voltamos, aqui, com o texto de Kafka e com sua sensibilidade para a falta-a-ser: *nenhuma provisão pode me salvar*. A pergunta que devemos fazer é: como garantir que o rigor do conceito não conduza o estudante de psicologia para dois extremos — nem para o excesso de cuidado e nem para o reducionismo que pode atravessar a trajetória profissional do estudante de Psicologia?

A pesquisa em psicopatologia psicanalítica atua na formação do psicólogo para trabalhar em equipamentos de saúde mental, sem reduzir o sujeito psicótico a um objeto passivo da intervenção de cuidados. Essa questão específica é muito bem documentada no estudo *Pesquisa avaliativa de saúde mental: instrumentos para a qualificação da utilização de psicofármacos e formação de recursos humanos — GAM-BR*, por Emerich, Campos e Passos (2014) que evocam expressões como *CAPScômio* ou *capscização da rede de saúde mental*. Os autores mostram como essas expressões são utilizadas para se referir a ocorrência de um risco de a atenção psicossocial ser apreendida por uma lógica de controle similar àquela que se observava no modelo manicomial, que tende a reduzir o sujeito a objeto da intervenção de cuidados. Onde essa lógica de controle se instalaria?

1. Na prescrição de medicamentos: a prescrição pode tornar-se um meio tamponamento de sintomas para adaptação social do sujeito psicótico, ao não ser claramente comunicada com ele.

2. Nas visitas domiciliares: essas podem estar a serviço de monitoramento e vigilância.

Deste estudo, vale reproduzir alguns trechos das entrevistas realizadas pelo estudo de Emerich, Campos e Passos (2014) em três lugares: um grupo em um Caps de Campinas; um grupo formado por usuários de Campinas com histórico de militância, realizado na Unicamp; um grupo em um Caps em Novo Hamburgo; e um grupo em um Caps no Rio de Janeiro. O Quadro 22 foi confeccionado, para este capítulo, com base no que foi publicado pelos autores do estudo.

Quadro 22 – Testemunhos de sujeitos-usuários e equipe com relação aos direitos dos usuários

Interpretação dos direitos dos usuários	Testemunhos de sujeitos-usuários e equipe
A linguagem técnica usada, pelos profissionais, nos prontuários, dificulta a compreensão e exclui os usuários de sua própria história.	"É sobre o paciente ter direito de ver sua parte, de ler seu prontuário. Um de nós já pediu para ler, mas desistiu porque não tem a chance de entender o que está escrito ali, parece inglês". (narrativa dos usuários)
Redução da demanda de cuidado a um sintoma psiquiátrico com pouca atenção à demanda do sujeito.	"A questão do sujeito está esquecida e os profissionais não veem o cidadão como um todo. E a gente percebe isso, porque um de nós teve agora um problema de saúde que é sério, foi ao hospital e eles falaram que era um problema da saúde mental. Mas como é que é de saúde mental, se tá saindo sangue no xixi, neste caso?" (narrativa dos usuários)
Alguns gestores esboçam a preocupação em filtrar os direitos dos usuários, evitando informações acerca do direito à recusa da medicação e de outras formas de tratamento.	"Eu não acho bom quando a gente toma essa questão pela via do direito [referindo-se ao direito do usuário poder recusar qualquer procedimento, inclusive a medicação]. Está escrito na lei que ele pode recusar, vou dar um papel pra ele, pra ele ficar bem-informado a respeito disso. Acho isso meio fora do contexto, não está nas discussões cotidianas aqui do CAPS, é complicado". (entrevista — coordenadora de Caps)

Interpretação dos direitos dos usuários	Testemunhos de sujeitos-usuários e equipe
O Caps como lugar do controle, ao estabelecer o que o usuário pode saber ou questionar. A consequência é tanto a infantilização do sujeito como a permissividade sem corresponsabilizar- se por nada. Nos dois extremos, assume-se o mandato social de responder pelo sujeito.	"Ou a gente pode pensar que todos os pacientes, inclusive psicóticos graves, estão no campo da razão e, assim, podem escolher, e... então, eles vão ser presos, porque é a única consequência que eu posso imaginar". (entrevista — coordenadora de Caps)
	"Cabe à gente, somos nós do campo da saúde mental, que temos um mandato social de definir que naquela hora quem manda sou eu. Quem diz se vai ter que ser internado, por exemplo, ou se vai ter que tomar uma medicação sou eu, porque acho que é disso que aquele paciente precisa naquele momento, porque senão ele vai fazer uma besteira com ele ou com alguém. E eu acho que a gente ainda funciona muito nesse princípio". (entrevista — coordenadora de Caps)

Fonte: Emerich, Campos e Passos (2014)

Conforme já fora alertado anteriormente, esse ponto em específico é extremamente importante porque reflete a cautela que devemos ter no processo de construção de laços com o sujeito psicótico a partir do entendimento científico sobre o desencadeamento e a estabilização da psicose. A psicopatologia psicanalítica permite identificar, na estrutura da psicose, a posição do sujeito como objeto da ação intrusiva dos significantes. Assim, uma ação de cuidados concentrada exclusivamente na reabilitação psicossocial e na prescrição de medicamentos pode contribuir para a intensificação dessa posição na estrutura psíquica e, consequentemente, tanto para o desencadeamento de quadros agudos como para reforçar sua cronificação.

Nesse sentido, a psicopatologia psicanalítica contribui para a formação do estudante em Psicologia na direção contrária ao risco de apreensão do sujeito psicótico pelo equipamento de saúde mental, como objeto passivo de cuidado, identificando sua posição de sujeito e auxiliando na construção de soluções para a desencadeamento. É sobre os fundamentos subjetivos da psicose que abordaremos a seguir, por meio do conceito de foraclusão.

3.3 A hipótese de Lacan sobre a causalidade da psicose: O conceito de foraclusão

O conceito de foraclusão define os fundamentos subjetivos sobre os quais repousam a alucinação e o delírio. Com esse conceito, Lacan (1955-1956/1988) combaterá o reducionismo que consiste em afirmar que todo psicótico é simplesmente louco, em nome da investigação dos fundamentos psíquicos da psicose. O conceito de foraclusão é o resultado dessa investigação.

Duas referências teóricas são centrais no entendimento, em psicopatologia psicanalítica, do processo de foraclusão (*Verwerfung*): Freud e Lacan. O Quadro 23 apresenta os principais textos de Freud e Lacan onde estudamos o desenvolvimento desse conceito.

Quadro 23 – Principais textos de Freud e Lacan — referências do conceito de foraclusão (*Verwerfung*)

Sigmund Freud	Jacques Lacan
1. As Neuropsicoses de Defesa (1894)	1. O Seminário. Livro 3. As Psicoses (1955-1956)
2. Notas psicanalíticas sobre um relato auto-biográfico de um caso de paranoia [dementia paranoides] (1911)	2. De uma Questão Preliminar a todo tra-tamento possível das psicoses (1957-1958)
3. Sobre o Narcisismo: Uma Introdução (1914)	
4. O Inconsciente (1915)	
5. Neurose e psicose (1923)	
6. A Perda da Realidade na Neurose e na Psicose (1924)	

Fonte: a autora

O termo foraclusão foi introduzido por Lacan a partir de *O Seminário. Livro 3. As Psicoses* (1955-1956/1986), sendo uma tradução proposta por ele para o conceito freudiano de *Verwerfung* (rejeição). Para além de uma questão de tradução do termo alemão, é preciso entender que esse termo designa o que Freud, em *Neuropsicoses de Defesa* (1894/1987e) nomeou como um tipo específico de defesa mais forte, em que o eu rejeita (*verwit*) a representação psíquica insuportável, com o afeto ligado a ela, como se a representação jamais tivesse existido para o eu. Essa definição de Freud (1894/1987e) é reavaliada por Lacan, em termos de *operatividade do significante*. Assim, o conceito de foraclusão define a ocorrência de um acidente no funcionamento do significante. Isso significa que a afirmação do significante não ocorreu, pelo recalcamento primário; em seu lugar ocorreu, em termos freudianos, a *Austossung*, a expulsão da representação psíquica e do afeto (conforme formulara Freud) que lhe corresponde; ocorreu, em termos lacanianos, a foraclusão do significante resultando em:

1. Tempo 1: como se o significante não tivesse existido.
2. Tempo 2: o retorno intrusivo do significante sobre o sujeito.

O efeito dessa rejeição (*verwit*), dessa foraclusão, sobre o funcionamento subjetivo, é amplo. Ressalto a afirmação de *O Seminário. Livro 3. As Psicoses* (1955- 1956/1986, p. 229) a respeito da correlação entre o funcionamento subjetivo e o significante na psicose: "Na psicose, é o significante que está em causa, e como o significante não está nunca solitário [...] a falta de um significante conduz, necessariamente, a se colocar em causa o conjunto de todos os significantes".

Essas considerações conceituais estão, portanto, na base da hipótese de Lacan, em psicopatologia psicanalítica, para a etiologia da psicose: a estrutura da psicose resulta da *foraclusão de um significante específico, nodal, estruturante, para o funcionamento subjetivo*. Operando uma primeira redução das figuras do complexo de édipo (pai-mãe), Lacan denomina esse significante, sobre o qual incide a foraclusão, de *Nome-do-Pai* (NP).

O processo de foraclusão atinge esse significante em específico, colocando em causa a cadeia de remissão. A hipótese da foraclusão do NP, e seu efeito de destruição da cadeia de remissão, são perfeitamente formalizáveis pela própria fórmula da *substituição significante*. Consideremos essa fórmula na base da fórmula da *metáfora paterna*, que posiciona o Nome-do-Pai (NP) como o significante que substitui o desejo materno (DM).

Fórmula 7 – Substituição significante e metáfora paterna (em *De uma Questão Preliminar a todo Tratamento Possível da Psicose*, 1957/1998)

A. Substituição significante (Fórmula do funcionamento do significante):

$$\frac{S}{S'} \cdot \frac{S'}{x} \quad \Longrightarrow \quad S\!\left(\frac{1}{s}\right)$$

Legenda:

S – Significantes.

X – É a significação desconhecida para o sujeito.

s - Significado induzido pela metáfora, definida pela substituição de S' por S.

B. Metáfora Paterna (Redução do complexo de édipo à lógica do significante)

$$\downarrow \frac{NP}{DM} \cdot \frac{DM}{x} \longrightarrow NP \cdot \left[\frac{A}{Falo} \right]$$

Legenda:

NP – Significante que ordena o mundo e as grandes questões da existência humana. DM – Desejo da mãe. Representa a ligação imaginária do sujeito com o outro.

X – A significação desconhecida que o DM assume para o sujeito.

Falo (Φ) – É o significante da vida, do sentimento de vida. É o que permite ao sujeito se identificar com seu ser vivente. Φ localiza, para o sujeito, o que ele é para o Outro em sua condição de vivente.

A/Falo – A significação fálica (-φ).

O capítulo anterior já havia acentuado o fato de que o recurso de Lacan à lógica do significante ocupara papel central no entendimento das estruturas psíquicas ao isolar no significante do Nome-do-Pai, e não na figura do pai e da mãe, as condições de possibilidade da constituição do psiquismo, o que indica:

1. A redução do pai ao significante, a um significante incluído no tesouro dos significantes (o grande Outro — A) separando a psicanálise de uma psicologia do desenvolvimento que ressaltaria a importância da figura do pai e da mãe na formação do psiquismo. Os novos termos são: significante do Nome-do-Pai e desejo materno.

2. A dependência da constituição do sujeito em relação ao que ocorre no funcionamento do Outro.

3. A dependência da constituição da neurose e da psicose em relação ao que ocorre no funcionamento do Outro.

Assim, observamos na primeira fórmula (fórmula da substituição do significante) a elisão, a supressão de S', é a condição do sucesso da produção de significação (s). Lendo a fórmula da metáfora paterna à luz da substituição do significante, identificamos o valor que Lacan concede à ação do significante específico do NP: regular o impacto imaginário que o significante tem inicialmente sobre o sujeito e representado na fórmula pelo DM, inscrevendo o sujeito na ordem simbólica e constituindo a significação fálica, que confere ao sujeito um lugar no Outro. Por isso, o NP é denominado de metáfora paterna: devido à sua função de substituto do DM. Seu resultado é a significação fálica, que pode ser escrita da seguinte forma: X=(-φ).

A foraclusão incide diretamente sobre o significante do NP produzindo um buraco no funcionamento remissivo da cadeia significante: NP=0. E com resultado na constituição da significação fálica, de modo que verificamos também um buraco relativo à falência da significação fálica: Φ=0.

Em *De uma Questão Preliminar a todo Tratamento Possível da Psicose* (1957/1998, p. 564), Lacan descreve com precisão o processo de foraclusão que incide diretamente sobre o significante com efeitos diretos na significação fálica:

> A *Verwerfung* será tida por nós, portanto, como *foraclusão* do significante. No ponto em que, veremos de que maneira, é chamado o Nome-do-Pai, pode pois responder no Outro um puro e simples furo, o qual, pela carência do efeito metafórico, provocará um furo correspondente no lugar da significação fálica.

Essa citação sintetiza a hipótese de Lacan (1957/1998) à luz da lógica do significante. A foraclusão do NP necessariamente provocará efeitos catastróficos de elisão, de supressão, da significação fálica: NP0 - Φ0. Esse matema formaliza a relação entre o furo no simbólico correlato da foraclusão do NP (NP0) e o furo no imaginário correlato da ausência da significação fálica (Φ0).

Se considerarmos o esquema I, apresentado em *De uma Questão Preliminar a todo Tratamento Possível da Psicose* (1957/1998), e contendo o Esquema L, teremos:

Figura 5 – A amplitude do processo de foraclusão na etiologia da psicose segundo o Esquema L e o Esquema I

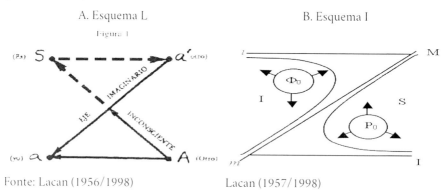

Fonte: Lacan (1956/1998)   Lacan (1957/1998)

Observando ambos os esquemas, constatamos a ausência do direcionamento do Outro (A) para o sujeito (S) na base do eixo imaginário evidenciando como o imaginário ficará submetido ao duplo vazio que se abre no corpo e no pensamento: NP0 - Φ0. O Esquema I apresenta a amplitude do desastre produzido pela foraclusão do NP: o que permanece nas bordas curvas tende a encolher como borracha. É o que denominamos de *atrofia* do simbólico e do imaginário. O Quadro 24 apresenta as consequências clínicas em Φo.

Quadro 24 – Consequências clínicas em Φo

Cataclismo imaginário.
Crepúsculo do mundo.
Morte do sujeito.
Perda de referências de identidade e fundamentos de existência.
Proliferação de significados.
Experiência enigmática.

Fonte: a autora

Tomando como referência a análise que Lacan conduz do caso Schreber, em *De uma Questão Preliminar a todo Tratamento Possível da Psicose* (1957/1998), temos a particularização da elisão do falo em Schreber, que se manifesta por meio dos seguintes fenômenos clínicos:

1. Nas tentativas de suicídio.
2. Na eclosão dos estados catatônicos (estupor).
3. Nos próprios testemunhos de Schreber: havia lido a notícia de sua morte nos jornais; se via como um cadáver leproso; acreditava-se em estado de putrefação.

O desencadeamento ocorre, nessa perspectiva conceitual, todas as vezes que o sujeito se vê confrontado por situações que exijam a entrada de um terceiro na ligação imaginária do sujeito com o outro. Queria, no entanto, destacar o sentido mais profundo da *foraclusão*: trata-se de *uma desordem provocada na junção mais íntima do sentimento de vida no sujeito* (LACAN, 1957/1998). Essa desordem será amplamente estudada no próximo capítulo, dedicado ao desencadeamento e aos fenômenos elementares.

CAPÍTULO 4

O CONCEITO DE FORACLUSÃO – PARTE II

4.1 Considerações Iniciais: a fineza clínica articulada à psicopatologia psicanalítica

Abordei em capítulos anteriores como o então jovem estudante de psiquiatria, Jacques Lacan, elaborara, aos 31 anos, uma tese sobre a determinação da personalidade na paranoia de autopunição, em uma época bastante orientada pela referência organicista em psiquiatria. Essa orientação de Lacan fundamentada na hipótese da causalidade psíquica obedecia à lição mais clássica daquela psiquiatria, situada entre o final do século XIX e início do século XX: a fineza da atenção clínica nos detalhes expostos pelo paciente, transformando a loucura em experiência subjetiva, deslocando-a do lugar de objeto (passivo) a ser tratado pela autoridade do saber médico, para o lugar de experiência dotada de saber.

O termo *fineza* tem um estatuto conceitual na psicopatologia psicanalítica começando com Freud que, em *O Moisés de Michelângelo* (1908/1987o), referiu-se ao médico italiano Giovanni Morelli que sob o pseudônimo de Ivan Lermolieff, revolucionou a arte exposta nos museus europeus. Ivan Lermolieff revisitara a autoria de diversas obras de arte distinguindo as originais de suas cópias. O método utilizado por Lermolieff destacava os detalhes do estilo de cada autor: a forma *fineza da capacidade de reconhecer os traços autorais*, de pintar as unhas, os lóbulos das orelhas, a auréola dos santos etc. Freud (1908/1987o) destacara, no trabalho de Ivan Lermolieff, sua capacidade de reconhecer a autenticidade de uma obra de arte a partir da atenção fixada nos detalhes mais delicados, mais ínfimos, enquanto os falsificadores de obras de arte se fixavam na cópia dos grandes detalhes. O conhecimento do conceito de foraclusão, bem como a forma como ele se verifica nos fenômenos clínicos da psicose, é uma de nossas estratégias para o reconhecimento dos detalhes da estrutura da psicose. Trata-se, então, de entender como o conhecimento do processo psíquico de foraclusão nos permite reconhecer a estrutura em seus detalhes, nos detalhes mais sutis, que podem passar despercebidos quando não detemos uma fundamentação conceitual.

Consideremos uma das apresentações de paciente no Hospital Saint-Anne, reproduzida por Lacan em *O Seminário. Livro 3. As Psicoses* (1955-1956/1986). A apresentação se referia a duas pessoas dentro de um único delírio — o que denominamos de *delírio a dois*. Eram duas mulheres — mãe e filha. E, nesse seminário, Lacan irá se referir, especificamente, à filha. O que a jovem relatara a Lacan?

> [...] que um dia, no corredor, no momento em que saía de casa, tinha tido de se haver com uma espécie de mal-educado, com o qual ela não tinha por que ficar espantada, já que era esse desprezível homem casado que era o amante regular de uma de suas vizinhas de hábitos levianos.
>
> Quando se cruzaram, esse homem — ela não podia me dissimular isso, tinha a coisa ainda engasgada — lhe tinha dito um palavrão, um palavrão que ela não estava disposta a me repetir, porque, como ela se exprimia, isso a depreciava. [...] e assim ela me confessa, com um riso de concessão, que não era naquele ponto completamente inocente, pois ela própria tinha dito alguma coisa ao passar. Essa alguma coisa, ela me confessa mais facilmente do que o que ouviu, e é isto: [...] *Eu disse: — eu venho do salsicheiro*, e então, ela se solta, que foi que ele disse? Ele disse: — *Porca*. (LACAN, 1955-1956/1986, p. 60).

Tratava-se, então, de uma jovem separada do marido, e que voltara a morar com a mãe. O motivo da separação aparece no laudo do caso: o marido a ameaçava pretendendo cortá-la em rodelas. A jovem volta a morar com a mãe, e ambas passaram a viver bastante isoladas. Um personagem passa a conviver, de forma especial, com as duas: era a vizinha, amante do homem com quem a paciente de Lacan cruza no corredor do edifício. Mãe e filha consideram como, particularmente, intrusiva a interferência ocasional dessa vizinha, cuja vida sexual se apresentava, para as duas, como aparentemente intensa:

> [...] ela vinha sempre bater quando elas estavam se arrumando, ou no momento em que elas começavam alguma coisa, quando estavam jantando ou lendo. Tratava-se antes de mais nada de afastar essa pessoa essencialmente dada à intrusão (LACAN, 1955-1956/1986, p. 60).

É nesse contexto, que poderia ser qualificado de psicossocial, que a paciente vem esbarrar com o amante da vizinha escutando, dele, a terrível injúria, a insuportável ofensa: *porca*.

A fineza Lacan (1955-1956/1986) aparece no ponto exato em que interroga sobre a natureza da injúria escutada pela jovem: *Porca, o que será isso?*

Observem que Lacan não fica passivo ao significante que a paciente relata ter escutado do amante da vizinha. Ela estava internada em Saint-Anne, e Lacan já tinha bem claro o modelo psicopatológico do imaginário. Por isso, ele investiga a natureza do significante *Porca*, interrogando o que poderia tê-lo determinado. Assim, ele elabora o seguinte esquema para verificar que se trata de uma alucinação, produto de um processo de defesa psíquica bastante específico: a foraclusão (*Verwerfung*).

Esquema 1 – A natureza alucinatória da injúria *porca* (LACAN, 1955-1956/1986)

A paciente: — *Eu venho do salsicheiro. E ele disse: Porca*

Lacan: Ora quem vem do salsicheiro? Um porco cortado.

O amante da vizinha é a própria paciente que diz de si mesma: *Eu, a porca, eu venho do salsicheiro, já sou desconjuntada, corpo espedaçado, membra disjecta, delirante, e meu mundo se vai em pedaços, como eu mesma.* Vejam o material clínico-conceitual que Lacan (1955-1956/1986) dispôs para o reconhecimento da estrutura psíquica:

1. A relação hegemonicamente fechada, dual, com sua mãe.
2. O casamento que se rompeu porque o marido a ameaça de cortar em rodelas.
3. A vizinha intrusiva.
4. O encontro com o amante da vizinha.
5. O dito: *eu venho do salsicheiro.*
6. A injúria: *porca.*

E o que Lacan reconheceu a partir desses índices clínicos? Reconheceu:

1. A hegemonia do *transitivismo.*
2. A forma como o significante se apresenta no caso: *intrusiva* e *invasivamente.*

São os *dois traços autorais* que, à época, Lacan reconhecera como sendo específicos do funcionamento da psicose. E o conceito de *foraclusão,* elaborado ao longo de *O Seminário. Livro 3. As Psicoses* (1955-1956/1986), esclarece, exatamente, essa forma de funcionamento do significante na psicose.

4.2 O conceito de foraclusão em *O Seminário. Livro 3. As Psicoses* (1955- 1956/1986)

Em *O Seminário. Livro 3. As Psicoses* (1955-1956/1986) encontramos um novo direcionamento de seu ensino: rumo à lógica do significante, que se apresenta como uma lógica mais fundamental do que a do imaginário e de base em relação ao imaginário. É o que observamos, por exemplo, no Esquema L (1956/1998), em que Lacan situa o eixo do inconsciente como sustentação para o eixo imaginário.

Figura 6 – O esquema L

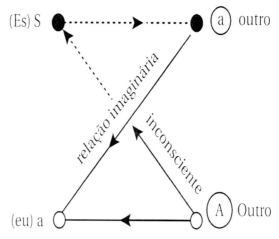

Fonte: Lacan (1956/1998).

O esquema L deixa claro como o eixo imaginário é composto pela constituição do eu por meio da alienação ao outro, correspondendo teoricamente ao narcisismo primário de Freud (1914/1987n). Mas Lacan (1956/1998) introduz, no Esquema L, a presença da estrutura da linguagem representada pela letra A. Essa estrutura, por meio dos significantes é que, na verdade, está na base da constituição do eu, a ponto de Lacan (1953-1954/1996) estabelecer uma analogia entre a estrutura do eu e uma simples cebola:

> Freud escreve que o eu é feito da sucessão das suas identifica-
> ções com os objetos amados que lhe permitiram tomar a sua
> forma. O eu é um objeto feito como uma cebola, poder-se-ia
> descascá-lo, e se encontrariam as identificações sucessivas
> que o constituíram (LACAN, 1953-1954/1996, p. 199).

O Esquema L formaliza para nós, em psicopatologia, como tudo o que ocorre no nível do eu e em sua relação com a realidade depende do significante, e como para além do eu, dessa projeção de imagem, situa-se o inconsciente, o sujeito determinado pela linguagem. Consideremos, ainda, um segundo esquema, para visualizarmos a determinação do sujeito pelo significante:

Fórmula 8 – Uma fórmula definidora do sujeito

$$\frac{S1}{\cancel{S}} \longrightarrow S2$$

Leia-se: um significante é o que representa um sujeito para outro significante.

Isso já aponta uma consequência importante para a compreensão da etiologia da psicose: os fenômenos do transitivismo imaginário estão sub-metidos a uma lógica mais fundamental situada na estrutura do significante. O fato de essa lógica estar situada na estrutura do significante obedece aos principais axiomas desse momento do ensino de Lacan (1953/1998) para a definição do conceito freudiano de inconsciente:

1. O inconsciente é estruturado como uma linguagem.
2. O significante é o que representa um sujeito para outro significante.

Com base no significante, Lacan estabelece a especificidade da estru-tura da psicose e coloca um problema de pesquisa em psicopatologia: por que o inconsciente se apresenta para o sujeito na psicose, a céu aberto, a flor da terra, mas permanece excluído para ele? Por que a paciente escuta "Porca", mas esse significante permanece excluído para ela, como se viesse de fora, com os traços de xenopatia e intrusividade?

A observação do Esquema L nos dá algumas pistas. Temos três planos: o imaginário com o eu, o simbólico com o Outro e a constituição do sujeito (S) e o plano das pulsões (Es). Observando, ainda, o Esquema L, tendo como eixo de referência para leitura a psicose, temos:

1. A relação entre a e a' é caracterizada como sendo o plano da realidade intersubjetiva, entre o eu e o outro, onde se dão as trocas de palavras.

2. Esse plano da realidade separa dois planos: o plano do significante (Outro) com o sujeito (S), e o plano das pulsões (Es).

Na psicose, o processo de foraclusão rejeita o significante, localizado no Outro. Na foraclusão, o significante é inócuo na regulação das pulsões (Es). É como se o significante não tivesse existido, comprometendo a constituição do sujeito. Com isso, as pulsões invadem o funcionamento do eu e o plano da realidade intersubjetiva, onde se dá a troca de mensagens, de palavras. O que temos, então, é que o significante foracluído retornará sobre o eu, como se viesse diretamente do plano das relações intersubjetivas, com as características de um significante invasivo, e que se refere diretamente ao ser do sujeito. Foi o que aconteceu com essa paciente apresentada por Lacan em *O Seminário. Livro 3. As Psicoses* (1955-1956/1986): o significante *Porca* retornou sobre ela, diretamente, do plano das relações intersubjetivas referindo ao seu ser em queda, despedaçado. Consideremos um outro exemplo, mais clássico, extraído das condições do primeiro desencadeamento do Presidente Daniel Paul Schreber, apresentado por Freud *Notas psicanalíticas sobre um relato autobiográfico de um caso de paranoia (dementia paranoides)* (1911/1987).

A carreira de Schreber como jurista do Ministério da justiça do Reino da Saxônia evoluía com uma série de promoções obtida tanto por nomeação direta como por meio de eleição interna. Foi assim que passou, durante um período de cerca de 19 anos de carreira, de escrivão-adjunto para vice-presidente do Tribunal Regional de Chemnitz, em 1884, com 42 anos de idade. Nesse ano, em outubro, concorre às eleições parlamentares pelo Partido Nacional Liberal e sofre uma derrota. Em 8 de dezembro desse mesmo ano, sofre o primeiro desencadeamento, sendo internado na clínica da Universidade de Leipzig, onde permanecera até o dia primeiro de junho de 1885.O que acontecera entre a derrota de outubro e o desencadeamento em dezembro? Nesse período, um jornal da Saxônia publicou um artigo cujo título era: *Quem conhece esse tal Dr. Schreber?* Tratava-se de um artigo que expunha o anonimato do Magistrado Schreber, a baixa circulação política de seu nome apesar da longevidade e da importância do nome *Schreber* por causa de seu pai e de sua própria trajetória na magistratura. Acontece que o título do artigo está na conjuntura do primeiro desencadeamento de sua esquizofrenia paranoide, ao se impor sobre Schreber como um significante intrusivo que incide diretamente sobre seu ser. Antecipo para vocês o efeito desse retorno do significante de forma xenopática e intrusiva sobre Schreber: ele sofre o primeiro desencadeamento, sendo internado na clínica da Universidade de Leipzig, onde permanecera até o dia primeiro de junho de 1885. Sobre essa internação em 1884, o próprio Schreber dera o testemunho de ter sido um período muito cansativo, caracterizado pelo seguinte quadro clínico de desencadeamento:

1. Hipocondria severa: imaginara ter perdido de 15 a 20 quilos quando na verdade engordara dois quilos; demandara, por seis vezes, para ser fotografado.
2. Certeza de que o enganam intencionalmente quanto a seu peso corporal.
3. Hipersensibilidade auditiva.
4. Humor irritável e lábil.
5. Sentimento de debilidade e incapacidade de caminhar.
6. Duas tentativas de suicídio.

Esses exemplos são muito instrutivos, pois mostram, para nós, coisas microscópicas de forma bem dilatada. O Esquema L inteiro desaba sobre o eixo imaginário. É por isso que ocorrem os fenômenos elementares — especialmente a alucinação que é a sua forma mais característica: *Porca* é essa dimensão do inconsciente que retorna, como se fosse de fora sobre o eu; o mesmo ocorre com *Quem conhece esse tal Dr. Schreber?*

4.3 O que é foracluído?

A psicose revela para nós como uma parte da simbolização não ocorreu, como alguma coisa de primordial quanto ao ser do sujeito não entrou na simbolização, não foi recalcado, mas rejeitado (*Verwit*). Não é demasiado repetirmos a fórmula freudiana para a etiologia da psicose: a representação psíquica e o afeto são rejeitados (*verwit*) do psiquismo, e retornam sobre o psiquismo como se viesse de fora.

Com relação à simbolização, vale relembrar um jogo realizado por um garotinho bem pequeno, e observado por Freud por ser seu neto. A criança fazia uma espécie de jogo com um carretel e linha em que jogava o objeto para longe e o capturava de volta, emitindo o seguinte significante:

fort-da, algo como *para longe e para perto*. Esse jogo, assim como todos os jogos infantis, evidencia como o significante está presente desde cedo para o ser humano, e presente em todas as dimensões da vida humana. Sobre isso, reproduzo uma passagem muito bonita de *O Seminário. Livro 3. As Psicoses* (1955-1956/1986, p. 98):

> [...] o símbolo já está ali, imenso, englobando-o por toda a parte, de que a linguagem existe, enche bibliotecas, transborda, rodeia todas as suas ações, guia-as, suscita-as, de que vocês estão engajados, que ela pode solicitá-los insistentemente a todo o momento para que vocês se desloquem e sejam levados a alguma parte. Tudo isso vocês esquecem diante da criança que está se introduzindo na dimensão simbólica. Portanto, coloquemo-nos no nível da existência do símbolo como tal, enquanto nós estamos aí, imersos.

Em sua releitura dos processos psíquicos de recalcamento e rejeição, elaborados por Freud em *A Negativa* (1925/1987), Lacan (1955-1956/1986) localiza no funcionamento das pulsões e em sua relação com o significante a chave para o entendimento dos processos psíquicos constitutivos da neurose e da psicose. Lacan (1955-1956/1986) prestou atenção na forma como Freud (1925/1987) avançara, desde entre o texto *O Recalcamento* (1915/1987q) e o texto *A Negativa* (1925/1987) na formulação da constituição do psiquismo, localizando no processo de *expulsão* (*Ausstossung*) e de *afirmação primordial* (*Bejahung*) de um representante da pulsão, o primeiro tempo de constituição do psiquismo. Teríamos, então, um quadro esquemático do processo de constituição e funcionamento psíquico na neurose, assim exposto.

Quadro 25 – Síntese da formulação de Freud sobre a constituição do psiquismo em *A Negativa* (1925/1987)

Tempo 1. Afirmação primordial/expulsão primordial (*Bejahung/ Ausstossung*)
Tempo 2. Recalcamento propriamente dito (*Verdrangung*)
Tempo 3. Denegação (*Verneinung*)

Fonte: a autora

A releitura que Lacan fará de *A Negativa* (FREUD, 1925/1987) ao longo de *O Seminário. Livro 3. As Psicoses* (1955-1956/1986), é bastante precisa: a condição para a ocorrência do recalcamento propriamente dito (*Verdrangung*) é o *processo primário de expulsão e afirmação primordial de um significante*, esse processo que qualificamos de forma mais simples, como sendo a simbolização primitiva. É essa afirmação primordial de um significante, que está na base do recalcamento e do retorno do recalcado na neurose.

Quadro 26 – O recalcamento na neurose

Expulsão primordial da pulsão de morte (*Ausstossung*) — Afirmação primordial (Bejahung)
Recalcamento propriamente dito (Verdrangung)
Retorno do recalcado — denegação (formações do inconsciente: sonho, sintoma, ato falho)

Fonte: a autora

Assim, nessa relação do ser humano com o significante, observamos a ocorrência de uma *simbolização primitiva*, porque houve uma *afirmação do símbolo* (uma *bejahung*) a nível do funcionamento psíquico. É com a simbolização primitiva que o ser humano organiza seu mundo e se inclui nele. Consideremos, mais uma vez, a fórmula do sujeito:

Fórmula 9 – Dedução do sujeito

$$\underline{S1} \longrightarrow \underline{S2}$$
$$\not{S}$$

Leia-se: um significante é o que representa um sujeito para outro significante.

A simbolização primitiva está definida pela fórmula anterior. Ocorre que, na psicose, acontece outro processo: a rejeição, a foraclusão dessa simbolização, o que Lacan (1955-1956/1986, p. 174) caracteriza como *a rejeição de um significante primordial para as trevas exteriores*.

Fórmula 10 – Uma tentativa de formalizar a rejeição

$$\frac{S1}{\cancel{S}} \quad 0$$

$$| \underline{S1} \quad (PORCA)$$

Na foraclusão psicopatológica, parte do processo de afirmação primordial não ocorre, ou seja, o significante primordial é rejeitado, expulso, foracluído sem que, no entanto, ocorra sua inscrição no inconsciente. Esse significante primordial será denominado de Nome-do-Pai. Analisando o Quadro 26, para a neurose, proponho, no Quadro 27, o seguinte esquema para a psicose.

Quadro 27 – A foraclusão na psicose

Expulsão primordial (*Ausstossung*) — Foraclusão (*Verwerfung*)
Retorno do significante como se viesse de fora (fenômenos elementares: alucinação e interpretação delirante)

Fonte: a autora

Comparando os dois processos teríamos o que está exposto no Quadro 28.

Quadro 28 – Esquema comparativo entre o recalcamento na neurose e a foraclusão na psicose (de acordo com *O Seminário. Livro 3. As Psicose*)

Neurose	Psicose
Expulsão primordial (*Ausstossung*) — Afirmação primordial (Bejahung)	Expulsão primordial (*Ausstossung*) — Foraclusão (*Verwerfung*)
Recalcamento propriamente dito (Verdrangung)	—
Retorno do recalcado — denegação (formações do inconsciente: sonho, sintoma, ato falho)	Retorno do significante como se viesse de fora (fenômenos elementares: alucinação e interpretação delirante)

Fonte: a autora

A lógica do significante ocupa, então, um papel central, pois permite isolar no significante do Nome-do-Pai, e não na figura do pai e da mãe, as condições de possibilidade da constituição do psiquismo. Essas considerações conceituais estão, portanto, na base da hipótese de Lacan, em psicopatologia psicanalítica, para a etiologia da psicose: a estrutura da psicose resulta da *foraclusão de um significante específico, nodal, estruturante, para o funcionamento subjetivo*. Operando uma primeira redução das figuras do complexo de édipo (pai-mãe), Lacan denomina esse significante, sobre o qual incide a foraclusão, de *Nome-do-Pai* (NP). Conforme abordamos no capítulo anterior, no caso específico da psicose, o processo de foraclusão atinge esse significante em específico, colocando em causa a cadeia de remissão do significante (NP=0), com impacto na constituição da significação fálica (Φ=0).

No capítulo anterior, vimos que o Esquema I apresenta a amplitude do desastre produzido pela foraclusão do NP, em termos de uma *atrofia* do simbólico e do imaginário, tão bem localizada por Laca, em *De uma Questão Preliminar a todo Tratamento Possível da Psicose* (1957/1998), ao investigar a psicose de Schreber. A foraclusão, com a amplitude de desastres no simbólico, será indicada por Lacan (1957/1998) como *uma desordem provocada na junção mais íntima do sentimento de vida no sujeito*. Ela será amplamente estudada nos capítulos seguintes.

CAPÍTULO 5

O CONCEITO DE DESENCADEAMENTO

5.1 Considerações iniciais

Seguindo o desenvolvimento deste livro, em que apresentei uma reflexão acerca dos possíveis impactos da estrutura da linguagem na contemporaneidade — especificamente a forma como governos do mundo inteiro se posicionavam em relação à emergência humanitária da Covid-19 e seus impactos sobre a saúde mental —, é crucial que possamos considerar, em psicopatologia, a referência freudiana (FREUD, 1921/1987) de que a psicologia individual é inseparável da psicologia social. Isso significa que a pesquisa sobre a irrupção de formas de sofrimento psíquico é indissociável da consideração acerca do próprio funcionamento da estrutura da linguagem de uma época. É o que Lacan (1953/1998) também enunciara com sua tese de que o inconsciente é estruturado como linguagem: ou seja, é impossível dissociar o funcionamento do inconsciente com relação à época, com relação ao regime de funcionamento dos significantes de uma época. Essas considerações epistemológicas, aplicadas ao domínio de investigação em psicopatologia, resultam em posicionamentos éticos e políticos a respeito da etiologia do sofrimento psíquico.

O tema do capítulo — *o conceito de desencadeamento* — condensa esses três eixos de investigação no campo da psicopatologia: epistemológico, ético e político. Sendo assim, trata-se de um conceito fundamental, cuja definição possibilita ao estudante de psicopatologia que pretende seguir a área clínica:

1. Acessar o rigor conceitual que permite, ao psicólogo clínico, reconhecer quando um sujeito tem sua psicose desencadeada.

2. Formar uma posição ética na área clínica, que permite ultrapassar o reducionismo cientificista e abordar o desencadeamento a partir do reconhecimento das conjunturas sociais, dos significantes, ali envolvidos, e de autorizar o sujeito na elaboração de ferramentas subjetivas que garantam sua proteção contra os significantes intrusivos e, consequentemente, sua estabilização.

3. Formar uma posição política, que articule a clínica e a administração pública, e que permita ultrapassar as ideias preconcebidas do homem comum, ao defender e formular ações institucionais no campo da saúde mental, por meio de significantes institucionais menos agressivos, autoritários e intrusivos para usuários de serviços de saúde mental, e para a equipe de profissionais que atua junto aos usuários. Além de incluir nessas ações institucionais, a possibilidade de conduzir planos de educação permanente em saúde mental, que forme o profissional de saúde mental para o reconhecimento do trabalho subjetivo de reconstrução da vida após o desencadeamento.

A presença do termo *desencadeamento* nos seminários e escritos de Jacques Lacan está plenamente condizente com sua hipótese etiológica sobre a foraclusão na psicose, ainda que o próprio psicanalista francês atribua à Gaëtan de Clérambault, seu mestre em psiquiatria, o emprego desse termo. Mas sabemos que o processo de formulação da teoria das estruturas psíquicas (neurose, psicose e perversão) — desde Freud, com a definição dos três modos de negação que dão origem ao psiquismo, articulada à metáfora do cristal — até Lacan com a definição do conceito de *foraclusão*, torna a definição do termo *desencadeamento* única, específica à psicopatologia psicanalítica.

Quadro 29 – Os modos de negação e as estruturas psíquicas

Modos de negação	Estrutura psíquica
Verdrangung (recalcamento)	Neurose
Verwerfung (rejeição/foraclusão)	Psicose
Verleugnung (recusa)	Perversão

Fonte: a autora

Estudaremos o conceito de desencadeamento da psicose com base nos fundamentos da tradição da Europa continental na psiquiatria e na psicanálise. Tanto a psiquiatria situada entre o final do século XIX e o início do século XX, como a própria psicanálise, foram muito problematizadas em seus fundamentos conceituais pela psiquiatria que entra em ascensão a partir dos anos de 1950, conforme estudamos anteriormente neste livro. E isso na medida em que a psiquiatria avançou na orientação reducionista de desconsiderar as variáveis psíquicas em jogo no desencadeamento da psicose. Nossa crítica à psiquiatria contemporânea residiu justamente neste ponto: da redução dos processos constitutivos da psicose a determinantes orgânicos até a hipótese de que esses determinantes explicam a causa da psicose (monismo fisicalista). Esse reducionismo varreu, da ética psiquiátrica, a escuta clínica das manifestações da psicose e a avaliação clínica do processo de reconstituição da vida por parte de um paciente psicótico, da direção tomada pelo psiquismo na reconstituição de seu funcionamento a partir do momento que ocorreu um desencadeamento.

A elaboração do conceito de *desencadeamento da psicose* conhece três etapas no ensino de Lacan. Uma primeira etapa se situa na tese *Da Psicose paranoica em suas Relações com a personalidade* (1932/1987). Uma segunda etapa de sua elaboração, encontra-se em *O Seminário. Livro 3. As Psicoses*, Lacan (1955-1956/1986) e no escrito *De uma Questão Preliminar a todo Tratamento Possível da Psicose* (1957/1998). Em ambos, desenvolve a hipótese sobre a etiologia psíquica da psicose paranoica, a partir da retomada da categoria de *automatismo mental* ou *Síndrome S*, de Gaëtan Gatian de Clérambault, e de uma referência aos achados de Klaus Conrad sobre o desencadeamento da esquizofrenia.

A terceira etapa de elaboração situa-se nos últimos seminários e escritos de Lacan — tendo seu marco conceitual em *O Seminário. Livro 20. Mais Ainda* (1972/1988), onde Lacan começa o desenvolvimento da cadeia borromeana. Nós não abordaremos essa terceira etapa de elaboração do conceito de *desencadeamento*, restringindo nossa investigação à primeira e segunda etapas. Considero essas duas primeiras etapas essenciais para o entendimento do conceito de *desencadeamento,* precisamente porque encontramos a teorização *dos laços de causalidade entre o determinismo estrutural da psicose e as conjunturas de sua irrupção clínica.*

A partir dessas considerações iniciais, a retomada dessas referências mais clássicas a Gaëtan Gatian de Clérambault e Klaus Conrad nos indicam uma compreensão importante acerca do desencadeamento da psicose, e que será isolada, com precisão, na reconsideração que Lacan fará desses grandes nomes da psicopatologia clássica, tanto em *O Seminário. Livro 3. As Psicoses* (1955-1956/1986) como em *De uma Questão Preliminar à todo Tratamento Possível da Psicose* (1957/1998): Lacan valoriza a importância desses autores para sua elaboração do conceito de desencadeamento, por terem identificado o caráter xenopático, de exterioridade radical, que a realidade assume para o sujeito na psicose.

Ao estudarmos o caso Aimée, foi possível localizar, nele, essa dimensão xenopática presente no conjunto das relações intersubjetivas da paciente: o marido, os colegas de trabalho, a família, a atriz Huguette Duflos. As perguntas que devemos fazer se referem à determinação deste caráter xenopático e invasivo que contamina as relações de Aimée: existem conjunturas que determinam essa alteração radical em um paciente cujo funcionamento psíquico é constituído pela foraclusão? Como essas conjunturas atuam no desencadeamento da psicose?

O objetivo é apresentar o conceito de desencadeamento, a partir de referências centrais na psiquiatria, e tal como é elaborado por Lacan a partir da formulação de *Um-Pai*. A partir desse conceito, apresentar a forma de funcionamento invasivo, intrusivo, do significante na psicose. Entender o conceito de desencadeamento e a forma como o significante funciona nas distintas conjunturas de desencadeamento permitirá ao estudante de Psicologia desenvolver um entendimento não só da importância do diagnóstico para a tomada de posição clínica na formulação de um projeto terapêutico em saúde mental, de uma direção de tratamento no atendimento individual, como também para a defesa de políticas de saúde mental menos invasivas para os usuários de serviços.

5.2 A Contribuição de Clérambault para o conceito de desencadeamento: a Síndrome S ou Síndrome do Automatismo Mental

O psiquiatra Gaëtan Gatian de Clérambault correlacionara o desencadeamento da psicose à irrupção da *Síndrome S* ou *Síndrome do Automatismo Mental*. Já o psiquiatra Klaus Conrad elencara as fases de desencadeamento da esquizofrenia, definindo sua conjuntura de desencadeamento. Ambos os autores são citados por Lacan em *O Seminário. Livro 3. As Psicoses* (1955-1956/1986). Começaremos com as contribuições de Clérambault.

Gaëtan Gatian de Clérambault (1872-1934) é considerado como o último psiquiatra clássico, que utilizava de procedimentos clínicos, como experiências descritivas e fenomenológicas, baseados na classificação, nomeação e sistematização, podendo ser denominada como clínica do olhar. Durante a 1ª Guerra, Clérambault se engajou no exército de Marrocos, e, posteriormente, tornou-se médico-chefe da Enfermaria Especial dos Alienados da Delegacia de Polícia em Conciergerie. Dentre suas principais contribuições para o campo da psicopatologia das psicoses, destacam-se:

1. A reorganização do grupo das psicoses paranoicas, onde ele estabeleceu uma oposição entre loucuras racionais de Sérieux e Capgras (delírio de interpretação e de imaginação) e os delírios passionais (delírio de reinvidicação e erotomania).
2. O estudo sobre delírios coletivos.
3. A síndrome do automatismo mental.

A investigação de Clérambault ocorreu no contexto de seu trabalho, em 1905. Na confecção dos laudos, como psiquiatra na Enfermaria Especial da Delegacia de Polícia de Paris, elaborou a categoria de *automatismo mental* para designar uma série de fenômenos clínicos observada em pacientes psicóticos. A síndrome do automatismo mental ou "Síndrome S" define a experiência subjetiva de sentir que o pensamento está sendo penetrado por ideias estranhas, que a linguagem está sendo repetida, e que as palavras são comentadas por outros. São fenômenos que ressoam em seu íntimo e sentido como alheios à própria subjetividade e indicam a forma de início da psicose.

Essa categoria foi rapidamente empregada pelo ambiente psiquiátrico, obtendo o reconhecimento de dois grandes nomes da psiquiatria da época: Valentin Magnan (1835-1916) e Gilbert Ballet (1853-1916).

No artigo "Automatisme Mental et Scission du Moi: Présentation de malade [Automatismo Mental e Cisão do Eu]", Clérambault (1920/2006) apresentou três estudos de caso que evidenciavam a irrupção da *Síndrome S ou Síndrome do Automatismo Mental* a partir de uma conjuntura de desencadeamento em que o paciente apresentava uma *cisão do eu*: Amélie, Roger e Jean-Baptiste.

Quadro 30 – Estudos de caso com identificação da Síndrome S (CLÉRAMBAULT, 1920/2006)

Estudos de casos	Laudo
Amélie (46 anos, solteira, funcionária de uma instituição religiosa. Internada na Enfermaria Especial)	Automatismo Mental. Cisão Psíquica. Voz interior que a inibe e substitui seus pensamentos. Sentimentos contraditórios. Refere- se A ela na terceira pessoa.

Estudos de casos	Laudo
	"quando se diz 'ela', parece que está falando de duas pessoas. Quando se diz 'ela' quer dizer que se é duplo, e que é a pessoa quem fala. Há nisso alguma coisa mais forte do que a pessoa. Há alguma coisa que fala quando quer, e que para quando não fala mais. No momento que se quer falar, há alguma coisa que para. Uma alma diferente dela mesma não pode habitar um corpo. [...] Sofre, em compensação, de uma ideação automática inconsciente [...]. A doente percebe como sua, mas de inspiração exógena, a voz interior (do peito ou do ventre)" (CLÉRAMBAULT, 1920/2006, p. 53-54).
Roger (24 anos, estudante de veterinária. Internado na Enfermaria Especial)	"Delírio complexo de hipocondria e influência. Possessão psíquica recente. [...] Recente agravamento em Paris da ideia de possessão e da excitação decorrente do contato com uma hipnotizadora[...]. O automatismo mental aqui incide menos sobre as ideias do que sobre as sensações motoras. O doente se sente impelido e dirigido [...]. Os atos desordenados do doente lhe são ditados por pensamentos de caráter exógeno" (CLÉRAMBAULT, 1920/2006, p. 56-57).
Jéan-Baptiste (37 anos, solteiro, esteve por duas vezes internado na Enfermaria Especial)	"Depressão. Distúrbios sensoriais e psicomotores. [...] Perseguição. Injúrias feitas pelos passantes. Diversas vozes exteriores. Voz de uma mulher que o cumprimenta e cuja influência o faz ter ereções. Voz interior. Sua língua encadeia o pensamento de um ser invisível, para o qual é um aparelho receptor. [...] O doente ouve duas vozes femininas: a de uma amiga e a da calhorda, ciumenta, que se chama Gélos e é paga pelo complô. Mais duas ou três vozes enchem seus ouvidos.
	Outras saem das casas. Param sua língua, detêm seu pensamento; sabe-se qual é sua conversa antes dele próprio; prendem sua língua, pressionando-a. Além disso, sofre de desvios de pensamento. Gélos lhe faz perder os pensamentos por meio de cargas elétricas. [...] Atualmente, seu espírito está doente porque lhe caíram muito em cima, ele ouviu demais, tornaram-no louco" (CLÉRAMBAULT, 1920/2006, p. 58-59).

Fonte: adaptado de Clérambault (1920/2006)

Nos três estudos de caso era evidente que a irrupção da *Síndrome S* independia da presença de atividade delirante-alucinatória. Em 1924, em *Définition de l'automatisme mental: Intervention* [*Definição de Automatismo*

Mental], Clérambault (1924/2006) isola, então, os fenômenos que compõem a *Síndrome S*: pseudoconstatação perpétua; enunciação dos atos antes do conhecimento do paciente; repetição da linguagem (eco); as palavras são comentadas pelos outros. No quadro desses fenômenos, foi possível isolar um traço comum, a saber o fato de que o paciente relata ser objeto de alusões, de que o pensamento está sendo penetrado por ideias estranhas. Com isso, Clérambault destaca, com a *Síndrome S ou Síndrome do Automatismo Mental*, a presença de uma estrutura elementar no início da psicose, composta por uma série de fenômenos neutros, autônomos, atemáticos e automáticos é observada no desencadeamento da psicose:

> Por automatismo, entendo os fenômenos clássicos: pensamentos antecipados, enunciação dos atos, impulsos verbais, tendências aos fenômenos psicomotores [...]. Creio, no entanto, quando isolava o grupo de fenômenos descritos acima, ter inovado um pouco ao afirmar: 1o. Seu teor essencialmente neutro (neutro pelo menos no início); 2o. Seu caráter não sensorial; 3o. Seu papel inicial na declinação da psicose (CLÉRAMBAULT, 1924/2009, p. 217-218).

O Quadro 31 apresenta, de forma sintética, as características estruturais da *Síndrome S*.

Quadro 31 – Características dos fenômenos clássicos da Síndrome S ou Síndrome do Automatismo Mental (conforme Clérambault, 1924/2009)

Características	Especificações
Neutro	Os fenômenos consistem na duplicação do pensamento. os fenômenos consistem apenas em um desdobramento, uma duplicação, do pensamento — não comportando sentimentos de hostilidade e nem alteração de humor.
Não sensorial	O pensamento se converte em um conteúdo estrangeiro para o sujeito, ainda que seja rotineiro; é constituído por uma mistura de abstrações e não tem nenhum elemento sensorial definido.
Função inicial	Representam os sinais iniciais da psicose, estabelecendo uma ruptura na continuidade do vivido.
Anideico, atemático	Ressoam no íntimo do paciente como pensamentos alheios e estranhos ao funcionamento de seu próprio psiquismo, de sua própria subjetividade.

Fonte: adaptado de Clérambault (1924/2009)

A *Síndrome S* tem um valor clínico essencial para Clérambault: quando aparece, é possível assegurar que se trata de uma psicose antiga e que o delírio é uma superestrutura que se sobrepõe ao automatismo mental e lhe é posterior.

A partir de Clérambault, a especificidade desses fenômenos reside tanto no fato de seu reconhecimento, pela psicopatologia, conferir a possibilidade de o clínico reconhecer o momento de ruptura na continuidade do vivido pelo sujeito, como pelo fato de serem as unidades mais básicas, mais elementares do processo psicopatológico na psicose e, consequentemente, mais fundamentais para a formulação de seu diagnóstico clínico.

A relevância da investigação de Clérambault, para a elaboração da hipótese sobre a psicose que Lacan desenvolverá em *O Seminário. Livro 3. As Psicoses*, Lacan (1955-1956/1986) e no escrito *De uma Questão Preliminar a todo Tratamento Possível da Psicose* (1957/1998) reside, precisamente, no fato de Clérambault ter, por meio da *Síndrome S*, evidenciado a característica do funcionamento da linguagem na psicose: seu caráter parasitário, intrusivo, invasivo, xenopático. Conforme estudaremos, os fenômenos da *Síndrome S*, identificados por Clérambault, permitiram a Lacan localizar a determinação do significante na constituição do sujeito segundo o funcionamento do inconsciente a céu aberto. Lacan (1955-1956/1988) denominará, então, os fenômenos da *Síndrome S* a partir de uma nova denominação: *fenômenos elementares*. Essa nova denominação, que fixa os fenômenos da *Síndrome S* como *fenômenos elementares*, deve-se ao fato de Lacan defini-los como os fenômenos patognomônicos da psicose, ou seja, como os fenômenos a partir dos quais é possível reconhecer o funcionamento da psicose. O capítulo 6 será dedicado à investigação desses fenômenos.

5.3 A Esquizofrenia Incipiente de Klaus Conrad

Klaus Conrad, foi discípulo de Kretchmer, sendo autor de uma investigação importante sobre a estrutura e evolução do desencadeamento da esquizofrenia, entre os anos de 1940 e 1950. A abertura do texto *La esquizofrenia incipiente* (1958, p. 321) traz o seguinte relato clínico:

> Nuestro paciente nos comunicó que hacia Pascua de 1939, cuando tenía dieciocho años, se hallaba bajo la impresión de que sus padres, de alguna manera, le reprochaban que se contentase con asistir a la Escuela Superior. Se sentía presionado por algo. No era necesario que abandonase la Escuela

> Superior, porque hasta entonces no había intentado más que hacer su bachillerato. Además, sus notas eran satisfactorias en general. Más tarde, sus padres nos confesaron que habían vivido el abandono del bachillerato como una gran desilusión. Contra lo que el enfermo suponía, los padres querían que terminara la Escuela Superior. Estamos seguros que los hechos contradecían aquella impresión de reproche. Imaginamos que el joven se encontraba en aquellos momentos bajo una presión determinada, para la que encontró la expresión «reproche por parte de los padres». Al seguir preguntándole de qué deducía que le hicieran algún reproche, se veía incapaz de encontrar algo concreto, y por ello, al continuar su relato, cambiaba la expresión «reproche» por «estímulo». Todo ello, desde lueu, bajo la impresión de su delirio, en plena floración cuando refería su historia. Estímulo es, hasta cierto punto, reproche; pero en sentido contrario, es decir,
>
> «presión hacia»... en lugar de «presión desde»... La vivencia de esta presión era, pues, lo que comenzaba a notar en dicho período. Con el reproche, o para ser más preciso, reparo, surge por primera vez algo así como una barrera, porque todo reparo impide el avance precisamente de aquello que es «reprochado», que es puesto en el camino (obstáculo). Así fue como abandonó su fin originario, el bachillerato, y se decidió por otra carrera. Este cambio de carrera o de dirección actúa como primera señal indicadora de desgracia en el camino hacia el error. Nos falta el material clínico del año y medio siguiente. Pero, después, nos encontramos al enfermo en el Servicio de Trabajo y volvemos a oírle hablar de «presión», como si se esperara de él un rendimiento excesivo. Habla además de una sensación de «tensión». Finalmente, este sentimiento se intensifica como si hubiera algo en el aire, o como si algo inminente fuera a suceder. No puede precisar de qué se trata; tan sólo logra hacer algunas suposiciones sobre ello.

A partir desse relato, Conrad interroga sobre a dinâmica do processo de desencadeamento e elabora uma hipótese a esse respeito a partir da descrição de cinco fases do desencadeamento da esquizofrenia. São elas:

1. Trema.
2. Apofania.
3. Apocalipse.
4. Consolidação.
5. Fase residual.

A fase 1 é denominada de *Trema*. O Trema pode durar de dias a vários anos. No entanto, ao desaparecer, surge aquilo que já vinha sendo anunciado pela tensão crescente: o delírio. Consideremos no Quadro 32 as características principais da fase do trema.

Quadro 32 – Caraterísticas do *Trema*

Estreitamento do campo perceptivo: a experiência subjetiva é de que o mundo está repleto de barreiras intransponíveis, como uma cela sem grandes possibilidades de fuga. O sujeito experiencia a perda da liberdade: ele não pode se movimentar devido às barreiras, ele se sente rejeitado nesse mundo de celas, e que é o seu mundo, sem poder se comunicar com as pessoas, separado delas por um abismo crescente. A relação figura-fundo se enrijece progressivamente, porque o fundo experiencial invade o campo perceptivo e passa a ocupar a figura.
A tensão do campo perceptivo pode pressionar o sujeito a tentar ultrapassar essas barreiras gerando condutas sem sentido, alterações do comportamento, reações inadequadas à realidade exterior.
Ocorrência de manifestações somáticas: cefaleia, palpitação, dor pré-cordial, astenia.
Ocorrência de letargia e sintomas depressivos.
Ocorrência da desconfiança, sendo difícil perceber os limites entre desconfiança normal e patológica.
A evolução do trema produz o humor delirante (uma alteração sutil na vivência do sujeito em relação a tudo o que o cerca — há algo no ar, acontece qualquer coisa, mas não sei o que é, diga-me o que é que se passa).
O trema pode ser experienciado como: Pressão ou tensão, inquietação, angústia, às vezes também como animação, alegria, como acontece na esperança.   Culpa ou condenação, como se estivessem à espera de um castigo, como se tivessem cometido um crime.   Inibição, falta de vontade e de esperança: aqui se confunde com o diagnóstico de depressão, sobretudo se tivermos em linha de conta o risco de suicídio.   Atmosfera de desconfiança, enfrentam o mundo inimigo que os rodeia.
A forma de experienciar o trema varia segundo a personalidade prévia, a qual determina, igualmente, a temática do próprio delírio.

Fonte: a autora

A fase 2 é denominada de *apofania*. A fase do Trema, normalmente, está presente durante essa fase. O que significa que quem, no trema, encontrava-se em tensão e expectativa neutra, continua, na apofania, como espectador neutro. Conrad dá o exemplo do depressivo angustiado, que esperava a sua execução continua, na apofania. No entanto, observa-se a modificação da relação de sentido e significação, do sistema de referência: os objetos da realidade, embora externamente pareçam iguais, já não são os mesmos: alteraram o seu caráter, saíram da sua neutralidade, adquiriram um significado, embora esse possa não ser imediatamente claro. Tudo o que o sujeito olha adquire um aspecto novo, estranho, bizarro, algo tenso. É na fase 2 que ocorre a percepção delirante: o sujeito experiencia que os objetos ao redor sofreram uma intensa alteração.

Primeiro: o objeto percebido indica ao paciente que se refere a ele, embora esse não saiba a razão.

Segundo: o objeto percebido refere-se a ele e sabe imediatamente a razão (por exemplo, alguém colocou aquele objeto para submetê-lo a uma prova, para lhe chamar a atenção — apofania (origem grega, e que significa *tornar manifesto*).

Na fase apofânica, então, o sujeito passa a empregar expressões como: *instruídos, postos, truques, preparado, provas, tramado, dissimulado*. O sujeito se comporta como se estivesse diante de uma revelação que impõe como certeza de modo que ele experiencia a certeza de que, por exemplo, seus vizinhos estão tramando enganá-lo ou que sua mãe é uma dissimulada ao lhe deixar um dinheiro falso. O que mostra que, na apofania, ocorre a transformação da estrutura de funcionamento do trema para a *consciência anormal de significação*, definida como um modo de experienciar que se estende para todo o funcionamento psíquico. Por esse motivo, é difícil para o sujeito entender as divisões subjetivas, dúvidas e conflitos dos seres humanos. É nessa fase que se produz o delírio. Na produção do delírio, o sujeito fica mais atento às vozes, aos passos, ao comportamento dos outros, à luz, e tudo gira ao redor do eu e é esse traço que compõe uma das características mais centrais da apofania: a *anástrofe*, que designa que o eu ocupa o centro da realidade.

Quadro 33 – Caraterísticas da Apofania

Modificação da relação de sentido e significação, do sistema de referência
Percepção delirante
Transformação da estrutura de funcionamento do trema para a *consciência anormal de significação*

| Delírio |
| Anástrofe |

Fonte: a autora

Na fase 3, denominada de *apocalipse*, o delírio se desestabiliza, evidenciando sua fragilidade. Dessa forma, se na apofania vigorava a continuidade do sentido a partir do trema, no apocalipse a ordenação delirante cede lugar para imagens dissociadas de uma relação de sentido. Com o declínio do sentido, o sujeito pode desencadear a angústia extrema, o estado de ânimo elevadíssimo dando a impressão de alcoolismo, apresentar comportamentos incompreensível para a sociedade, até entrar em catatonia apresentando rigidez corporal, como se o declínio do sentimento de vida fosse tal que parecesse morto. Schreber, por exemplo, chegou a relatar que era um cadáver carregando outro cadáver, tamanha a gravidade de seu estupor catatônico.

Na fase 4, denominada de *consolidação*, ocorre uma lenta "relaxação do campo". O sujeito pode chegar a afirmar que terminou a difusão do pensamento e que, finalmente, os deixam em paz. Mas preserva a certeza garantida pelo delírio: "[...] se observa en nuestro enfermo una clara resistencia a abandonar su temática primera por la que se sentía sometido a pruebas: 'No vuelva a arrojarme otra vez a esa duda terrible!' Esta fijación, que tiene completamente" (CONRAD, 1958, p. 6).

Por último, na fase 5, denominada de residual, o sujeito experiencia vivências de transformação de si mesmo e do mundo. É certo que não pode confiar mais na humanidade:

> Ya no podrá creer nunca más en los hombres; prefiere leer novelas baratas, a las que antes despreciaba. Ya no es capaz de asimilar lo grande y lo bello, sólo puede concentrarse en lo impersonal. Ya no es despreocupado, sino, por el contrario, se siente inquieto y oprimido: «Tengo la impresión como si mi vida fuese a estar, a partir de este instante sometida a una mala estrella... Hay en mí un mal designio... Ya no me siento tan seguro, ya no tengo confianza en lo que emprendo (CONRAD, 1958, p. 325).

Em que consiste, então, a fase residual? A hipótese de Conrad (1958) é que se trata da experiência subjetiva de que o sujeito se modificou, de que ele já não é mais o mesmo, de que sua relação com a humanidade, por exemplo, se transformou por completo. Conforme estudaremos, a ênfase fundamental para o entendimento do conceito de desencadeamento recairá sobre a modificação da estrutura da linguagem.

5.4 O conceito de desencadeamento e a conjuntura de desencadeamento

A literatura científica oferece alguns exemplos clínicos acerca da conjuntura de desencadeamento de uma psicose. Consideraremos quatro exemplos. O primeiro exemplo foi extraído do texto de Freud (1911/1987) sobre o caso Schreber; o segundo, da apresentação, por Lacan (1931/1987), do caso Aimée; e o terceiro e quarto exemplos, pertencem ao livro de Darian Leader, *O que é loucura? Delírio e sanidade na vida cotidiana* (2013).

Exemplo 1: Daniel Paul Schreber teve um cargo de juiz do Tribunal de Chemnitz e, no ano de 1884, aos 41 anos, candidatou-se, pelo Partido Nacional Liberal, às eleições legislativas em Chemnitz, sendo derrotado nas eleições. Um jornal local fizera uma matéria sobre ele com o título *Quem afinal conhece o Dr. Schreber?* Schreber fica completamente paralisado diante do título da matéria. Em oito de dezembro desse mesmo ano sofre o primeiro desencadeamento, sendo internado na clínica da Universidade de Leipzig, onde permanecera até o dia primeiro de junho de 1885. Sobre essa internação em 1884, o próprio Schreber deu o testemunho de ter sido um período muito cansativo, caracterizado pelo seguinte quadro clínico de desencadeamento:

1. Hipocondria severa: imaginara ter perdido de 15 a 20 quilos quando na verdade engordara dois quilos; demandara, por seis vezes, para ser fotografado.
2. Certeza de que o enganam intencionalmente quanto ao seu peso corporal.
3. Hipersensibilidade auditiva.
4. Humor irritável e lábil.
5. Sentimento de debilidade e incapacidade de caminhar.
6. Duas tentativas de suicídio.

Exemplo 2: A história clínica de Margueritte Anzieu (Aimée) começa por volta dos 28 anos. Casada desde os 26 anos e funcionária no mesmo escritório de seu marido, está grávida do primeiro filho. Durante essa gravidez, Aimée começa a temer pela vida do bebê. Começam algumas interpretações delirantes:

1. As conversas dos colegas de trabalho parecem visá-la diretamente: criticam seus atos, caluniam sua conduta e anunciam infelicidades terríveis para ela.

2. Na rua, pessoas que ela jamais conhecera passam por ela e cochicham contra seu modo de viver, desprezando-a.

3. Nos jornais, reconhece alusões diretas e dirigidas contra ela: são acusações que vão se tornando cada vez mais claras e cuja intenção é provocar a morte do bebê que está gestando. Para ela, se o bebê não viver, eles serão responsáveis por isso.

4. Seu sono é perturbado por pesadelos com caixões e equivalem a alucinações.

5. Torna-se violenta e agressiva, assustando as pessoas que a cercam: um dia, armada com uma faca, fura os pneus da bicicleta de um colega, atira um vaso d'água e depois um ferro de passar roupa no marido.

Exemplo 3: "Quando os pés de um rapaz de 23 anos tocaram o chão, depois de seu primeiro salto de paraquedas, sua psicose foi detonada: *eu sou Deus*, ele disse. Vinte anos antes, encontrara-se com o pai pela primeira vez, depois de este ser solto da prisão. *Quem é ele?*, havia perguntado à mãe. É seu pai, respondeu ela. *Pai não é coisa que caia do céu*".

Exemplo 4: "Uma mulher foi encontrada em uma vala gritando: *a terra quer tudo de mim*. Achou que estava sendo tragada pelo chão. A equipe psiquiátrica que trabalhou com ela não pôde deixar de notar que seu prenome era a palavra correspondente a *terra* em sua língua materna, embora ela não estabelecesse nenhuma ligação entre isso e o conteúdo de seus medos. Aos poucos, a sequência do desencadeamento foi ficando clara. Ela ficara indisposta depois de uma esfincteroplastia, que efetivamente fizera cessar a abundante incontinência fecal de que havia sofrido por muitos anos".

É importante ressaltar muitos sujeitos psicóticos não experimentam episódios de desencadeamento podendo seguir com suas vidas, sem evidências de momentos de colapso, de ruptura da vida e de sua rotina, de desencadeamento, similares aos mencionados nos exemplos anteriores.

Isso quer dizer que um sujeito pode viver muito bem no mundo, lançando mão do que melhor ele julga para sua própria vida: estudos, educação, habilidades bem-feitas, algumas originalidades, alguns mimetismos socialmente interpretados como imitação de comportamentos de outras pessoas, engajamentos religiosos. No entanto, esse mesmo sujeito pode conviver, simultaneamente, e por muitos anos, com a manifestação de inquietudes, inseguranças, angústias, intuições e evidenciar um desencadeamento mais tardio. O caso do Abade Xavier Cotton, um dos mais célebres psicóticos da literatura francesa da segunda metade do século XIX, é um bom exemplo de uma situação dessas. Aos oito anos de idade, quando fizera a primeira comunhão, foi tomado pela ideia fixa de tornar-se Papa. Vivera uma vida sacerdotal por 25 anos, até que alguns sinais evidentes de desencadeamento de sua psicose aparecessem (já quando tinha 33 anos): uma intolerância, uma impaciência começa a acometê-lo e ele acaba por ser removido, pela hierarquia católica, de onde estava para ser padre em uma paróquia distante. Começa, então, a viver muito mal, trabalhar excessivamente, e sempre tomado pelo pensamento de estar sendo intimidado. Em 1860, após vários incidentes com a Igreja, é suspenso de suas funções. Um desses incidentes ocorreu na cerimônia de funeral de seu próprio pai: vestido com os trajes sacerdotais, presta-lhe o culto funeral onde dança, uiva e se deita sobre a sepultura. Nesse momento, precisou ser contido e internado em um asilo psiquiátrico. O exemplo do Abade Xavier Cotton indica, para nós, que é possível viver muito tempo em certa estabilidade podendo, ou não, desencadear mais tardiamente as características clínicas de uma psicose.

No conjunto dos exemplos citados aqui, evidenciamos a ocorrência do desencadeamento, demarcando dois tempos na vida, caracterizados como *antes do desencadeamento e depois do desencadeamento*. O desencadeamento não ocorre sem uma conjuntura, que denominamos de *conjuntura de desencadeamento*.

A *conjuntura de desencadeamento* é formada pelas variáveis que, no contexto em que o sujeito vive, provocam uma *desordem na junção mais íntima do sentimento de vida no sujeito,* assumindo o valor estrutural de *encontro com Um-Pai* e demarcando esses dois tempos (antes e depois).

É fundamental que o estudante de Psicologia, ao fazer as disciplinas de psicopatologia, saiba reconhecer essas variáveis, tanto para entender o que é a psicose e poder elaborar uma hipótese diagnóstica, como para aprender a manejar o seu tratamento clínico em termos individuais e psicossociais, estabilizando o eixo imaginário. Nesse sentido, reforço aqui a importância da reconstrução precisa dos acontecimentos que levaram ao desencadeamento, ainda que a revelação detalhada desses acontecimentos possa levar meses ou anos. E parte da direção de tratamento consiste, precisamente, nesse trabalho de reconstrução da conjuntura de desencadeamento junto ao paciente. Já em Freud (1933/1987, p. 77), reconhecemos a importância desse processo de mapeamento da conjuntura de desencadeamento. O autor estabelece uma analogia entre a estrutura da psicose e um cristal trincado:

Onde ela [patologia] mostra uma brecha ou uma rachadura, ali pode normalmente estar presente uma articulação. Se atirarmos ao chão um cristal, ele se parte, mas não em pedaços ao acaso. Ele se desfaz, segundo linhas de clivagem, em fragmentos cujos limites, embora fossem invisíveis, estavam predeterminados pela estrutura do cristal. Os doentes mentais são estruturas divididas e partidas do mesmo tipo.

A citação de Freud (1933/1987) é extremamente didática a respeito do que ocorre com a estrutura psíquica. Separando a citação em momentos, temos:

1. O cristal é a estrutura psíquica.
2. A rachadura, as linhas de clivagem e articulação, é a estabilidade de funcionamento da estrutura.
3. O ato de atirar o cristal ao chão é a conjuntura de desencadeamento.
4. A queda com a ruptura do cristal nas linhas de clivagem é o desencadeamento.

Freud (1933/1987) deixa, portanto, bastante claro que o desencadeamento é determinado por uma conjuntura e apresenta características intimamente associadas à estrutura psíquica. No caso específico da psicose, temos o seguinte:

Quadro 34 – Desencadeamento e Fenômenos Elementares

Conceitualmente	Clinicamente
Conjuntura de desencadeamento	Acontecimentos sociais
⬇	⬇
Desencadeamento	funcionamento da foraclusão
⬇	⬇
Fenômenos elementares	Alucinação/Perplexidade/Certeza

Fonte: a autora

Se avançarmos na investigação de Lacan, sobre a etiologia da psicose, a partir do caso Aimée, Lacan identificara uma série de conjunturas que produzem uma *mudança da situação vital do paciente,* e que foram elencadas no Quadro 18.

Observemos que em todas as conjunturas elencadas na tese, Lacan isola um traço em comum: *são acontecimentos que produzem uma mudança vital do paciente* (LACAN, 1932/1987), que produzem *uma desordem na junção mais íntima do sentimento de vida no sujeito* (LACAN, 1975/1998). Será em *De uma Questão Preliminar a todo Tratamento Possível da Psicose* (1957/1998), com base na fórmula da metáfora paterna, que Lacan reduzirá a amplitude dessas conjunturas a um fator estrutural: *Um-Pai.* Na psicose, todas essas conjunturas remetem a esse fator estrutural. O que caracteriza esse fator? O fato de ser ele que retorna sobre o sujeito. Na estrutura da psicose, todas as situações que exigem alguma mudança vital do paciente, que provocam uma *desordem na junção mais íntima do sentimento de vida no sujeito,* assumem esse valor estrutural de fator desencadeante.

Essa hipótese aparecerá de forma completa em *De uma Questão Preliminar a todo Tratamento Possível da Psicose* (1957/1998, p. 563) — a condição estrutural do desencadeamento é o encontro com *Um-Pai*:

> Tentemos agora conceber uma circunstância da posição subjetiva em que ao apelo do Nome-do-Pai corresponda, não a ausência do pai real, pois essa ausência é mais do que compatível com a presença do significante, mas a carência do próprio significante.

Essa hipótese coloca para nós um problema conceitual importante: como pode o significante do Nome-do-Pai ser convocado na psicose, se sua etiologia reside precisamente na foraclusão desse significante?

Ele aparece para o sujeito como *Um-Pai*. O *Um-Pai* se introduz em uma situação dual, de rivalidade, em uma posição de terceiro, ameaçando o par imaginário a-a'. Dessa forma, seu traço distintivo é sua posição de terceiro para o sujeito, de elemento arbitrário que interfere diretamente nas relações imaginárias mantidas pelo sujeito. É um elemento isolado, solto, desconectado da cadeia significante, que aparece para o sujeito como arbitrário, atuando sobre as suas decisões e vem acompanhado pela tonalidade emocional que já estudamos aqui: opacidade enigmática e inquietante. É nesse momento que testemunhamos o desastre do imaginário e a irrupção dos significantes intrusivos e as interpretações delirantes que testemunhamos no caso Aimée e em Schreber. O desencadeamento conjuga, assim, três elementos importantes:

1. Uma causa acidental (que se converte, devido à foraclusão, em encontro com *Um- pai*).
2. A dissolução de um elemento estabilizador (uma identificação).
3. A operatividade de uma causa específica (a foraclusão do significante paterno).

Elas se convertem em elemento terceiro, que invade o eixo imaginário que vigora na relação que o sujeito estabelece com o outro. Dessa forma, as conjunturas elencadas no Quadro 18 obedecem a um fator estrutural na psicose. E esse fator é o retorno do significante foracluído na forma do encontro do sujeito com *Um-Pai*.

5.5 O Caso Schreber e a pesquisa das condições estruturais de desencadeamento da psicose

Apresentarei o estudo do caso Schreber tomando como base os dados presentes no texto de Freud *Notas psicanalíticas sobre um relato autobiográfico de um caso de paranoia (dementia paranoides)* (1911/1987) e sua organização a partir do conceito de desencadeamento desenvolvido por Lacan ao longo de *O Seminário. Livro 3. As Psicoses* (1955-1956/1986).

O Quadro 35 dispõe sobre o quadro de desencadeamento e desestabilização que compõe o histórico clínico de Schreber, entre os anos de 1842 — data de seu nascimento — e 1911, data de sua morte:

Quadro 35 – História clínica de Schreber

Ano	Acontecimento
1842	25 de julho: Daniel Paul Schreber nasce em Leipzig.
1861	Novembro: morte do pai com 53 anos.
1877	Suicídio do irmão (três anos mais velho), aos 38 anos, com um tiro de revólver.
1878	Casamento com Ottlin Sabine Behr.
Conjuntura de desestabilização — 1884	Outubro: Candidatura, aos 41 anos, pelo Partido Nacional Liberal às eleições legislativas em Chemnitz. Perde as eleições. *Quem afinal conhece o Dr. Schreber?* — ironizava um jornal local.
Primeiro desencadeamento — 1884	Irrupção de um quadro de hipocondria severa. Outubro: Internação por algumas semanas no Asilo de Sonnenstein. 8/12/1884: Internação na Clínica Psiquiátrica da Universidade de Leipzig onde conhece o Professor Paul Flechsig.
1885	1/6/1885: Alta da Clínica Psiquiátrica da Universidade de Leipzig.
1886	1/1/1886: Toma posse no *Landgericht* de Leipzig.
Conjuntura de desestabilização — 1893	Junho: Aos 50 anos, recebe a indicação para o *Senatsprasident* da Corte de Apelação de Dresden. 1/10/1893: Toma posse como juiz-presidente da Corte de Apelação de Dresden.
Segundo desencadeamento — 1893	Produção do sonho sobre o retorno de sua doença/crises de ansiedade; produção da fantasia, em estado hipnagógico, de que *deve ser realmente muito bom ser mulher e submeter-se ao ato da cópula*; irrupção de insônia e tentativa de suicídio. 21/11/1893: Internação na Clínica de Leipzig.
1894	14/6/1894: Transferência para o Asilo de Lindehof. 29/6/1894: Transferência para o Asilo de Sonnestein — piora do quadro clínico/curatela provisória por motivo de doença mental.
Estabilização — 1899/1901	Início do processo em prol da recuperação de capacidade civil. 1900: Escrita de *Memórias de um doente dos nervos*/sentença desfavorável ao pedido de suspensão da curatela/interposição de recurso. 1901: Redação do suplemento às *Memórias de um doente dos nervos.*

Ano	Acontecimento
1902	14/7/1902: Levantamento da curatela pela Corte de Apelação. 20/12/1902: Decisão judicial de alta.
1903	Publicação das *Memórias de um doente dos nervos*.
Conjuntura de desestabilização — 1907	Maio: Morte da mãe, com 92 anos de idade. Novembro: demanda de reconhecimento da legitimidade das "Associações Schreber", por parte de seus representantes. 14/11/1907: Crise de afasia da esposa por derrame cerebral.
Terceiro desencadeamento — 1907	14/11/1907: crise de angústia; insônia; marcha e postura rígidas, alucinações auditivas e delírios; repetição compulsiva *ja ... ja*; diz sentir que querem matá-lo. 27/11/1907: Admissão no Asilo de Dösen.
1911	14/4/1911: Morte aos 69 anos por insuficiência cardíaca.

Fonte: Henschel de Lima; Pedrosa Lopes (2019)

Daniel Paul Schreber (1842-1911) foi o terceiro de cinco filhos do casamento de Daniel Gottlieb Moritz Schreber (médico ortopedista e pedagogo) — sendo que o irmão mais velho (Daniel Gustav) se suicidara aos 38 anos. A doutrina educacional de seu pai era rígida e moralista e pode ser inferida a partir da própria consideração de que seu pai tinha a respeito da educação infantil.

> Quando o humor da criança se manifesta através de gritos e prantos imotivados [...] para expressar um capricho ou uma simples obstinação, se deve enfrentar o ocorrido de maneira positiva [...] distraindo rapidamente sua atenção, usando palavras severas. Se isto não bastar, deve-se empregar reiterados e contundentes castigos corporais [...]. Desta maneira, [...] a criança sentirá sua dependência do mundo exterior e aprenderá [...] a submeter-se [...]. (SCHREBER, 1978, p. 4-5).

Essa rigidez moral tinha como objetivo principal, obter um controle completo sobre todos os aspectos da vida: dos hábitos alimentares até a vida espiritual. Seguindo essa doutrina rígida, Daniel Gottlieb Moritz Schreber desenvolvera, então, vários aparelhos em ferro e couro para a ortopedia da postura ereta na criança. Há relatos de que esses aparelhos eram similares a instrumentos de tortura: o ferro e o couro, empregados para sua confecção, eram dispostos de tal forma que forçavam o corpo para obtenção da postura correta. Esses mesmos métodos eram aplicados sobre seus filhos reforçando, assim, o caráter rígido e exagerado dos procedimentos pedagógicos de Daniel Gottlieb Moritz Schreber. Não foram encontradas informações referentes à personalidade da mãe de Schreber e seu papel na história infantil do paciente. Sabe-se apenas que era uma mulher pouco afetiva, deprimida e dominada pelo marido.

Schreber alçou a consideração de advogado bem-conceituado casando-se com Sabine Beher. Schreber teve um cargo de juiz do Tribunal de Chemnitz e, no ano de 1884, aos 41 anos, candidatou-se, pelo Partido Nacional Liberal às eleições legislativas em Chemnitz, sendo derrotado nas eleições.

O histórico das internações de Schreber tem seu marco na derrota das eleições em Chemnitz em outubro de 1884. Em oito de dezembro desse mesmo ano sofre o primeiro desencadeamento, sendo internado na clínica da Universidade de Leipzig, onde permanecera até o dia primeiro de junho de 1885. Nessa internação conhece o diretor da clínica de Leipzig, o Professor Paul Emil Flechsig, que teve papel fundamental no curso posterior do desencadeamento da psicose clínica de Schreber. Sobre essa internação em 1884, o próprio Schreber dera o testemunho de ter sido um período muito cansativo, caracterizado pelo seguinte quadro clínico de desencadeamento já citado anteriormente.

Após a alta, em 1885, retomou suas atividades profissionais sentindo-se muito agradecido ao Dr. Flechsig[6]. No mês de junho de 1893, aos 50 anos, Schreber recebera a indicação para o *Senatsprasident* da Corte de Dresden. No dia 1 de outubro de 1893, cerca de quatro meses após a indicação, assume a função de Presidente do Senado. No intervalo para a posse na presidência do Senado, apresenta vários sonhos e pensamentos, que ocorriam entre o sono e a vigília, de que adoecera novamente. Mas um pensamento, que lhe ocorreu quando estava semiadormecido, merece atenção por se constituir como o eixo em torno do qual se ordena o delírio de Schreber: pensava que, *afinal de contas, deve ser realmente muito bom ser mulher e submeter-se ao ato da cópula* (FREUD, 1911/1987, p. 24). Continua a padecer de angústia e insônia e, em 21 de novembro, é internado pela segunda vez na Clínica de Leipzig. Nessa internação, Schreber deu testemunho de um agravamento do quadro e de uma mudança subjetiva em relação ao Dr. Flechsig.

---

[6] Esse agradecimento foi compartilhado com a própria Sabine Schreber, mulher do magistrado, a ponto de ter no escritório do marido uma foto do médico a quem atribui o retorno de seu marido ao convívio familiar.

O agravamento do quadro se evidenciara com a eclosão de alucinações verbais, de vivências de influência corporal onde seu corpo deveria ser transformado em corpo de mulher e ser copulado, delírios religiosos e sexuais que envolviam ser escolhido e enviado de Deus, ser engravidado por Deus para gerar uma nova humanidade. A mudança de posição em relação ao Dr. Flechsig consistia em considerá-lo um mentiroso. De fato, quanto a esse ponto, a mudança coincidiu com a própria posição de Flechsig no caso. O médico desconsidera completamente a inteligência de seu paciente e o trata como um alienado mental. Retomando o fato de ter sido objeto dos experimentos pedagógicos de seu pai, essa posição assumida pelo Dr. Flechsig no caso o empurrara diretamente para a posição de objeto do capricho do outro, conforme é possível depreender do próprio relato do Dr. Flechsig reproduzido por Freud (1911/1987, p. 24-25):

> No início de seu internamento ali, expressava mais ideias hipocondríacas, queixava-se de ter um amolecimento do cérebro, de que morreria cedo etc. Mas ideias de perseguição já surgiam no quadro clínico, baseadas em ilusões sensórias que, contudo, só pareciam aparecer esporadicamente, no início, enquanto, ao mesmo tempo, um alto grau de hiperestesia era observável — grande sensibilidade à luz e ao barulho. Mais tarde, as ilusões visuais e auditivas tornaram-se muito mais frequentes e, junto com distúrbios cenestésicos, dominavam a totalidade de seu sentimento e pensamento. Acreditava estar morto e em decomposição, que sofria de peste; asseverava que seu corpo estava sendo manejado da maneira mais revoltante, e, como ele próprio declara até hoje, passou pelos piores horrores que alguém possa imaginar, e tudo em nome de um intuito sagrado. O paciente estava tão preocupado com estas experiências patológicas, que era inacessível a qualquer outra impressão e sentava-se perfeitamente rígido e imóvel durante horas (estupor alucinatório). Por outro lado, elas o torturavam a tal ponto, que ele ansiava pela morte. Fez repetidas tentativas de afogar-se durante o banho e pediu que lhe fosse dado o 'cianureto que lhe estava destinado'. Suas ideias delirantes assumiram gradativamente caráter místico e religioso; achava-se em comunicação direta com Deus, era joguete de demônios, via "aparições miraculosas", ouvia "música sagrada", e, no final, chegou mesmo a acreditar que estava vivendo em outro mundo.

Nesse quadro clínico e durante todo o quadro do desencadeamento de sua psicose paranoica, Schreber situa o Dr. Flechsig de duas formas diferentes. Em primeiro lugar, como o *assassino da alma* (FREUD, 1911/1987), sendo seu único inimigo; e, em segundo lugar, como o responsável pela influência negativa exercida sobre Deus, que deixa de ser aliado de Schreber e passa a ser cúmplice do médico na trama para assassinar sua alma e entregar seu corpo como objeto de uso sexual. A citação a seguir oferece uma dimensão exata do quadro alucinatório sofrido — e em que teve a certeza de que vivera muito tempo sem estômago, intestino, quase sem pulmões, com um rasgo no esôfago, sem bexiga, com as costelas despedaçadas e de que engolira parte de sua própria laringe com o alimento que ingeria — e de sua produção delirante:

> O ponto culminante do sistema delirante do paciente é a sua crença de ter a missão de redimir o mundo e restituir à humanidade o estado perdido de beatitude. Foi convocado a essa tarefa, assim assevera, por inspiração direta de Deus, tal como aprendemos que foram os Profetas; pois os nervos, em condições de grande excitação, assim como os seus estiveram por longo tempo, têm exatamente a propriedade de exercer atração sobre Deus — embora isso signifique tocar em assuntos que a fala humana mal é capaz de expressar, se é que o pode, visto jazerem inteiramente fora do raio de ação da experiência humana e, na verdade, terem sido revelados somente a ele. A parte mais essencial de sua missão redentora é ela ter de ser procedida por sua transformação em mulher. Não se deve supor que ele deseje ser transformado em mulher; [...]. Ele próprio está convencido, é o único objeto sobre o qual milagres divinos se realizam, sendo assim o ser humano mais notável que até hoje viveu sobre a Terra. A toda hora e a todo minuto, durante anos, experimentou estes milagres em seu corpo e teve-os confirmados pelas vozes que com ele conversaram. Durante os primeiros anos de sua moléstia, alguns de seus órgãos corporais sofreram danos tão terríveis que inevitavelmente levariam à morte qualquer outro homem; viveu por longo tempo sem estômago, sem intestinos, quase sem pulmões, com o esôfago rasgado, sem bexiga e com as costelas despedaçadas; costumava às vezes engolir parte de sua própria laringe com a comida etc. Mas milagres divinos ('raios') sempre restauravam o que havia sido destruído, e portanto, enquanto permanecer homem, é inteiramente imortal. Estes fenômenos alarmantes cessaram há muito tempo e, como alternativa, sua "feminilidade" tornou-se proeminente. Trata-se de um processo de desenvolvimento que provavelmente exigirá décadas, senão séculos, para sua conclusão, sendo improvável que alguém

hoje vivo sobreviva para ver seu final. Ele tem a sensação de que um número enorme de 'nervos femininos' já passou para o seu corpo e, a partir deles, uma nova raça de homens originar-se-á, através de um processo de fecundação direta por Deus. Somente então, segundo parece, poderá morrer de morte natural e, juntamente com o resto da humanidade, reconquistará um estado de beatitude. Nesse meio tempo, não apenas o Sol, mas também árvores e pássaros, que têm a natureza de resíduos miraculados (bemiracled) de antigas almas humanas, falam-lhe com inflexões humanas, e coisas miraculosas acontecem por toda a parte a seu redor (FREUD, 1911/1987, p. 27-28).

É importante, ainda, frisar que mesmo com a internação de Schreber em outros locais de tratamento (por exemplo, o Asilo de Lindehof e o Asilo de Sonnestein), a *alma de Flechsig* permanece unida à do novo assistente-chefe, sendo, posteriormente, subdividida em várias almas. Isso evidencia a preservação do estatuto de perseguidor, atribuído a Flechsig, pelo funcionamento psíquico de Schreber. O Quadro 36 apresenta melhor detalhamento sobre a conjuntura de desestabilização, o primeiro desencadeamento da psicose clínica e a posição subjetiva de Schreber em relação ao Dr. Flechsig.

Quadro 36 – Quadro clínico dos desencadeamentos, em 1884 e 1893, e posição de Flechsig no funcionamento psíquico de Schreber até a formação do delírio de transformação em mulher

Ano	Conjuntura de desestabilização	Quadro clínico de desencadeamento	Posição em relação à Flechsig	Alta
1884	Outubro: Candidatura às eleições em Chemnitz pelo Partido Nacional Liberal = derrota nas eleições./Ironia do jornal local: *Quem afinal conhece o Dr. Schreber?*	1. Hipocondria severa (imagina ter perdido de 15 a 20 quilos; demanda para ser fotografado). 2. Hipersensibilidade auditiva. 3. Humor irritável e lábil. 4. Duas tentativas de suicídio. Incapacidade de caminhar. Certeza de que o enganam intencionalmente quanto ao seu peso corporal.	Testemunho de gratidão, por parte de sua mulher a Flechsig: *por lhe ter devolvido o marido.*	1885

Ano	Conjuntura de desestabilização	Quadro clínico de desencadeamento	Posição em relação à Flechsig	Alta
1893	Recebe a indicação para o *Senatsprasident* da Corte de Dresden = Toma posse como juiz--presidente da Corte de Apelação de Dresden.	Crises de angústia e insônia. Ideias hipocondríacas com queixa de amoleci-mento do cérebro, morte iminente, hiperestesia. Ideias de perseguição baseadas em alucina-ções; os pensamentos, aos poucos, passam a girar em torno de alucinações visuais e auditivas. Estupor alucinatório. Vivências de influên-cia corporal onde seu corpo deveria ser trans-formado em corpo de mulher e ser copulado: estava morto, sofria de uma praga, era manipulado de forma revoltante.	Sentimento de perse-guição. O Dr. Flechsig, é um mentiroso e passa a ser chamado de *assas-sino de almas*. Gritava pelo hospital: *Pequeno Flechsig* (ênfase no *pequeno*).	1894
		6. Delírio de transforma-ção em mulher: delírios religiosos e sexuais que envolviam ser escolhido e enviado de Deus, ser engravidado por Deus para gerar uma nova humanidade.		

Fonte: a autora

O Quadro 36 indica como os delírios de perseguição envolvendo o Dr. Flechsig, os delírios religiosos e sexuais que envolviam ser o escolhido e enviado de Deus, ser engravidado por Deus para gerar uma nova humanidade e o quadro alucinatório de influência corporal (transformação em corpo de mulher pela emasculação e ser copulado) obedecem, para Lacan, a uma mesma lógica psíquica: o processo de foraclusão com suas consequências diretas sobre o pensamento e o corpo. Nesse sentido, gostaria de retomar algumas considerações teóricas sobre o conceito de foraclusão, para situar que o encontro com *Um Pai,* com esse significante foracluído, resulta no desencadeamento de efeitos de NP0 e Φo. Tomando como referência a análise que Lacan conduz do caso Schreber, em *De uma Questão Preliminar a todo Tratamento Possível da Psicose* (1957/1998), temos a particularização da elisão do falo em Schreber, que se manifesta por meio dos seguintes fenômenos clínicos:

1. Nas tentativas de suicídio.
2. Na eclosão dos estados catatônicos (estupor).
3. Nos próprios testemunhos de Schreber: havia lido a notícia de sua morte nos jornais; se via como um cadáver leproso; acreditava-se em estado de putrefação.

São efeitos da foraclusão e que, por ocasião do desencadeamento, revelam a condição existencial do sujeito na psicose desencadeada: como objeto para o significante que retorna sobre ele. No caso de Schreber isso se esclarece quando ele declara ser um cadáver leproso que carrega outro cadáver leproso.

CAPÍTULO 6

FENÔMENOS ELEMENTARES

6.1 Considerações iniciais

Até aqui, estudamos os conceitos fundamentais, próprios da psicopatologia psicanalítica, para o entendimento da psicose: foraclusão, desencadeamento. Resta aprofundar o último conceito que propus como fundamental para o entendimento da etiologia da psicose: o conceito de fenômeno elementar. Este capítulo é dedicado aos fenômenos elementares. A ordenação conceitual, tal como vem sendo apresentada ao longo deste livro, orienta o leitor no sentido de entender que os fenômenos elementares estão em estreita dependência do processo de foraclusão, bem como demarcam o desencadeamento da psicose. Dessa forma, chegamos ao capítulo 6 já com a noção de que a ocorrência dos fenômenos elementares está associada a uma estrutura psíquica que se constituiu pela foraclusão, pela rejeição do significante do Nome-do-Pai e por seu retorno intrusivo sobre a estrutura. O efeito dessa rejeição se apresenta na forma dos fenômenos elementares.

Conforme já estudamos anteriormente, Lacan (1955-1956/1988) elabora o conceito de *fenômeno elementar* em *O Seminário. Livro 3. As Psicoses* com base na teorização de Clérambault (1924/2009) a respeito da *Síndrome do Automatismo Mental* ou *Síndrome S*. De fato, apesar de considerar o psiquiatra como um dos representantes do organicismo, Lacan (1955-1956/1988) ressalta a relevância da elaboração da *Síndrome S* ou *Síndrome de Automatismo Mental* por definir um grupo elementar de sintomas de natureza alucinatório-sensorial para a psicose e seu caráter essencialmente psíquico, mecânico, xenopático, desprovido de sentido emocional.

Para definir o estatuto desses fenômenos como *elementares,* Lacan recorre à metáfora da planta em *O Seminário. Livro 3. As Psicoses* (1955-1956/1988).

> São elementares como o é, em relação a uma planta, a folha em que se poderá ver um certo detalhe do modo como as nervuras se imbricam e se inserem — há alguma coisa de comum a toda planta que se reproduz em certas formas que compõem sua totalidade (LACAN, 1955-1956/1988, p. 29).

Com essa metáfora, ele define que os fenômenos elementares designam a *estrutura patognomônica* da psicose, tanto com relação à especificidade de sua ocorrência nas psicoses (são os fenômenos específicos da psicose), como com relação à evidência dos diferentes componentes em jogo no funcionamento da estrutura. O que indica a preocupação de Lacan com a capacidade que o clínico deveria ter para o reconhecimento dos fenômenos elementares e, consequentemente, para o correto diagnostico da psicose. Lacan (1955-1956/1988) redefine, então, tais fenômenos a partir de uma nova terminologia:

1. São fenômenos elementares — precisamente porque incluem os fenômenos de corpo e de linguagem — precisamente em função desse caráter estrutural.

2. A denominação de fenômenos elementares define a relação entre alucinação e delírio, para a psicanálise.

Nessa estrutura mínima, Lacan confere à alucinação verbal o estatuto de fenômeno elementar mais fundamental, na medida em que ela evidenciaria não só a presença determinante do significante na constituição do sujeito como também a sua ocorrência a céu aberto.

> É justamente o que se apresenta no fenômeno da alucinação verbal. No momento em que ela aparece no real, isto é, acompanhada desse sentimento de realidade que é a característica fundamental do fenômeno elementar, o sujeito fala literalmente com o seu eu, e é como se um terceiro, seu substituto de reserva, falsasse e comentasse sua atividade (LACAN, 1955-1956/1988, p. 24).

Os fenômenos elementares são ordenados segundo uma tipologia simples: mental, corporal e linguagem (sentido e verdade). O Quadro 37 sintetiza essa tipologia.

Quadro 37 – Tipologia dos fenômenos elementares (conforme Lacan, 1955-1956/1988)

Fenômenos Elementares Mentais (ou de automatismo mental)
Fenômenos Elementares corporais (ou de automatismo corporal)
Fenômenos Elementares ligados à linguagem (ou que concernem ao sentido e à verdade)

Fonte: a autora

6.2 Os fenômenos elementares mentais ou de automatismo mental

Referem-se diretamente à experiência de influência exterior sobre o sujeito, definindo o conjunto de experiências subjetivas, na psicose, de que palavras e os pensamentos são escutados, comentados antes mesmo de serem formulados pelo sujeito, impostos e transparentes (sendo ouvidos pelas pessoas). O sujeito relata ouvir vozes, e ser invadido pelo discurso de outros na esfera psíquica mais íntima. Esses fenômenos demonstram o lugar de que o funcionamento do inconsciente ocupará para o sujeito por causa da foraclusão: o lugar exterior, de céu aberto. O Quadro 38 sintetiza as manifestações clínicas dos *fenômenos elementares mentais ou de automatismo mental*.

Quadro 38 – Manifestações clínicas dos *fenômenos elementares mentais ou de automatismo mental*

Fenômenos elementares mentais ou de automatismo mental.	Alterações do pensamento:
	1. Difusão do pensamento.
	2. Leitura de pensamento.
	3. Inserção do pensamento.
	4. Roubo do pensamento.
	5. Eco ou sonorização do pensamento.
	Alterações de linguagem:
	1. Descarrilamento.
	2. Neologismo.
	3. Alucinações auditivas: simples e complexas de sonorização do pensamento.

Fonte: a autora

As manifestações clínicas que compõem as alterações de pensamento são:

Difusão do pensamento: o sujeito experiencia que seus pensamentos podem ser escutados e conhecidos pelo outro no exato momento que os pensa, como se eles se difundissem para fora de sua mente.

Leitura do pensamento: o sujeito nota que seus pensamentos são lidos pelo outro como se sua mente fosse transparente.

Inserção do pensamento (influência imposição do pensamento): o sujeito experiencia seus pensamentos como estranhos: os pensamentos não são seus, mais impostos de fora em seu cérebro, mediante procedimentos tecnológicos sofisticados, complexos e subjetivamente inexplicáveis. Pode também ser experienciado como uma influência de que desvia seu raciocínio ou expressão verbal.

Roubo do pensamento: experiência em que o sujeito tem a sensação de que sua mente foi esvaziada de todo conteúdo de que seu pensamento foi inexplicavelmente extraído ou roubado de sua mente provocando um bloqueio (bloqueio do pensamento).

Eco ou sonorização do pensamento: o sujeito tem a experiência de escutar seus pensamentos o tempo todo em que ocorrem, ou como repetição posterior. O eco do pensamento indica a ocorrência de uma perturbação na relação entre o enunciado e a enunciação: todos nós nos dividimos entre enunciado e enunciação, mas na psicose o sujeito não se reconhece como enunciação. A enunciação está localizada fora do sujeito.

 As manifestações clínicas que compõem as alterações de linguagem são:

Descarrilamento (ruptura da cadeia associativa de pensamento): o conteúdo do pensamento se desloca de um tema para outro sem relação aparente.

Neologismo: é a criação de palavras novas para dar conta de uma significação inefável. É uma significação que só se remete a si mesma e se apresenta sob a forma de uma palavra enigmática, uma fórmula, um refrão. O testemunho dado pelo sujeito é de que ele padece de palavras que são muito pesadas.

Alucinações auditivas simples verbais e complexas de sonorização do pensamento: as alucinações auditivas se dividem em dois tipos:

1. Alucinações auditivas simples verbais: **são compostas por vozes que se dirigem ao sujeito ou fazem comentários sobre ele, comandando sua ação. As vozes se impõem ao sujeito como uma realidade apavorante diretamente referida a ele, produzindo perplexidade e medo (experiência de que a origem da voz é o demônio, a máfia, Deus, facções etc.).** É comum que os sujeitos tomados pelas alucinações verbais deem testemunhos do

tipo "dizem que meu namorado está saindo com outra". As vozes possuem as seguintes características: ameaçadoras; ofensivas — insulto; conteúdo depreciativo; persecutórias.

2. Sonorização do pensamento: é um fenômeno de tipo alucinatório em que o sujeito reconhece que está ouvindo seus próprios pensamentos, escutando-os no exato momento em que os pensa. E divide em:

a. Sonorização de pensamentos como vivência alucinatório — delirante: o sujeito tem a experiência de que ouve pensamentos que foram colocados por um estranho, em sua cabeça.

b. Publicação do pensamento: o sujeito tem a experiência de que as pessoas ouvem o que ele pensa no exato momento em que está pensando.

6.3 Os fenômenos elementares corporais ou de Automatismo Corporal

Referem-se diretamente aos fenômenos hipocondríacos, em que vigora a experiência de decomposição, desmembramento, separação, e de estranheza em relação ao próprio corpo, ou de distorção temporal e de deslocamento espacial. Estão localizados como uma atrofia do imaginário (Φo), decorrente da foraclusão do Nome-do-Pai (NP0). O Quadro 39 sintetiza as manifestações clínicas dos *Fenômenos elementares corporais ou de Automatismo Corporal.*

Quadro 39 – Manifestações clínicas dos *fenômenos elementares corporais ou de Automatismo Corporal*

Fenômenos elementares corporais ou Automatismo Corporal	1. Alucinações táteis:
	Alucinações com insetos
	Alucinações táteis sentidas nos genitais
	2. O aparelho de influenciar.
	3. Sinal do Espelho:
	Observação incessante.
	Alucinação autoscópica.

Fonte: a autora

As alucinações táteis se caracterizam por experiências em que o sujeito sente espetadas, choques ou insetos ou pequenos animais correndo pelo corpo, sobre a pele. As manifestações clínicas que compõem as alucinações táteis são:

Alucinações com insetos: associados ao delírio de infestação (síndrome de Ekbom) ou acarofobia ou parasitofobia.

Alucinações táteis sentidas nos genitais: o sujeito sente que forças estranhas tocam, cutucam ou penetram seus genitais. Frequentes na esquizofrenia e em psicoses tóxicas causadas pelo uso de cocaína (até 15% de usuários de cocaína podem ter essas alucinações).

No que se refere ao aparelho de influenciar, ele foi descoberto por Victor Tausk, em 1919. Trata-se de um instrumento construído pelo delírio, ou uma máquina, composta de caixas, manivelas, alavancas, rodas, botões, fios, bateria etc., que normalmente não são bem situadas e definidas pelo sujeito, só podendo ser evocadas por alusões. O aparelho nem sempre se constitui como um aparelho, ou seja, nem sempre o paciente pode reconhecê-lo como tal, sendo, muitas vezes, reconhecido como uma influência psíquica estranha, uma sugestão, uma força telepática. Suas características clínicas são:

1. Ele pode apresentar imagens ao sujeito, como um cinema, um projetor.

2. Ele é capaz de produzir ou furtar os pensamentos e, ou, sentimentos do paciente via ondas, raios ou forças ocultas, uma vez que está sob o comando do perseguidor.

3. O aparelho pode produzir ações motoras no corpo do paciente como ereções e poluções. Tais ações também são efeitos produzidos por correntes elétricas, ou magnéticas, raios X etc.

4. Produz sensações muitas vezes indescritíveis, outras são comparadas pelo paciente como, por exemplo, de uma corrente elétrica.

5. O aparelho é responsável por outros fenômenos somáticos que são sentidos como implantados no sujeito. Assim, uma erupção cutânea ou um furúnculo é algo atribuível ao aparelho.

6. O aparelho é manipulado por um perseguidor inimigo do sujeito que o coloca em funcionamento de forma obscura e enigmática.

Quanto às manifestações clínicas do sinal do espelho, ele foi identificado pela Escola francesa (Abély e Delmas) no final dos anos de 1920.

Caracterizado pelo fato de o sujeito revelar-se preocupado com sua imagem, examinando-se longa e frequentemente diante de superfícies refletoras; o sujeito tem a experiência de estar colado à imagem e, repentinamente, pode ser tomado de horror diante de algo terrível na superfície do espelho (ele mesmo). Detectado nos estados melancólicos clássicos e na esquizofrenia, mas não é raro nos casos de psicose ordinária. Capgras o caracterizou *pelo sintoma de estranheza frente a imagem do espelho ao qual o sujeito responde com controle e angústia*. Cito, aqui, a vinheta clínica extraída do artigo de Jean Claude Maleval, "Identificaciones imaginarias y estructura psicótica no desencadenada" (1996, p. 631).

> Karim atrajo mi atención sobre este síntoma. Durante varios meses, en su adolescencia, llegó a estar cuatro y cinco horas diarias ante el espejo de su cuarto. Diez años más tarde, la cura analítica ha aportado una cierta atenuación de los síntomas, pero sigue llamativamente preocupado por su imagen. «Al final de las clases, me confía, me apresuro a ir a los lavabos para mirarme al espejo». Y añade con una pizca de humor: «Me doy cuenta de que no hay nadie como yo, si no aquello estaría abarrotado». En la calle, necesita observarse en los escaparates. Tiene la impresión de estar adherido a su imagen. «Estoy encerrado, dice, en un mundo donde mi imagen está por todas partes...». En una ocasión tuvo una visión horrible en el espejo: había algo espantoso allí dentro, y no era otra cosa que él mismo. Perdió literalmente todo apoyo, teniendo en el acto que echarse en la cama presa de una intensa angustia.

O sinal do espelho evolui segundo dois estágios:

1. **Observação incessante**: o sujeito experiencia o caráter enigmático da imagem. Sente que ocorreu uma mudança, mas não pode dar conta do que há de inabitual ou anormal. Nesse sentido, a observação incessante é uma resposta ao estranhamento mais ou menos inquieto de que o sujeito experiencia a propósito da mudança que ele identifica. O reconhecimento constitutivo da imagem do eu (o estofo do ser) no espelho simplesmente é impossível ao sujeito (a textura do simbólico se desfaz), o que fica evidente na vinheta apresentada por Jean-Claude Maleval (1996, p. 632).

> Jean Pierre me confidencia ver apenas uma imagem vazia. Ela lhe parecia desabitada. 'Sou eu', diz ele, 'mas eu quase

não me reconheço. Minha imagem carece de sentido'. Ao mesmo tempo, o sujeito tem dificuldade de ficar separado da imagem, encontrando-a por toda a parte em que vai ou está. Em termos freudianos, o funcionamento autoerótico da pulsão invade o campo onde o eu deveria advir; em termos lacanianos, estaríamos diante da invasão do gozo no corpo. Podemos sintetizar as manifestações clínicas na observação incessante da seguinte forma: recurso repetitivo ao espelho; o sujeito não se separa da própria imagem.

2. **Alucinação autoscópica**: o sujeito experiencia a invasão das pulsões na imagem especular. O exemplo de uma paciente de 21 anos, descrito por Maleval (1996) é preciso:

> Ao longo de vários anos, ele se devotava a um exame minucioso de sua figura, permanecendo horas inteiras diante de um espelho. [...] Ele acreditava, dizia, observar que as pessoas do seu entorno notavam que ele tinha um aspecto cômico, uma pequenina cabeça, uma testa estreita, toda a estrutura de um frango. Ele alegava ter escutado dizer, a seu respeito, que ele não tinha nariz e, quando retornava à sua casa, ele se observava no espelho e, de fato, parecia-lhe que seu nariz havia mudado de formato e que sua testa tornara-se muito estreita. Essas sensações faziam com que o doente evitasse a sociedade. Parecia-lhe que os transeuntes zombavam dele, desviavam suas trajetórias para não cruzar com ele na rua, tapavam o nariz e a boca quando ele se aproximava. Ele também acreditava que alguém espalhava o boato de que ele se devotava ao onanismo. (MALEVAL, 1996, p. 633).

A experiencia de invasão das pulsões na imagem especular se evidencia, no relato de Ostancow de um paciente melancólico, ao relatar sua experiência de surgimento de uma cabeça de frango que, em pouco tempo, toma todo o sujeito, que se sente como um animal ridículo, fedorento e masturbador. Na autoscopia, o paciente pode, também, ter a experiência de se ver fora de seu próprio corpo. Um estudo de caso de melancolia, atendido por Abély e reproduzido por Maleval (1996, p. 635), apresentava a seguinte declaração: *"Doutor, por favor me livre desse mártir; contra minha vontade, sinto-me forçado a observar meu rosto e me é bastante penoso ver no que eu me transformei; quanto mais eu me examino, mais me parece que eu possuo uma cabeça de pato"*. É possível, então, entender que o pato e o frango são as coisas horríveis que surgem quando falha a transmissão de S2.

6.4 Os fenômenos elementares que concernem ao sentido e à verdade

Esses fenômenos manifestam um quadro de experiências inefáveis, inexprimíveis, de certeza absoluta e de significação pessoal. Aqui, situam-se as vivências delirantes primárias. Suas características gerais são:

1. Indicam a perda do juízo de realidade, onde o sujeito atribui valor anômalo a suas percepções internas e externas.
2. São conteúdos impossíveis e contradições internas dotados de significações pessoais.
3. Essas significações são sempre autorreferenciais, ou seja, referem-se sempre à pessoa, ao ser, do paciente.
4. Essas significações constituem o eixo da vida do sujeito e sua explicação para tudo que o rodeia.
5. Todas as significações são imunes à retificação ou argumentação de uma terceira pessoa compondo o que Minkowsky e Lacan definirão como um dos eixos fundamentais do diagnóstico da psicose: a certeza delirante.

O Quadro 40 sintetiza as manifestações clínicas dos *Fenômenos elementares que concernem ao sentido e à verdade*.

Quadro 40 – Manifestações clínicas dos *fenômenos elementares que concernem ao sentido e à verdade*

Fenômenos elementares que concernem ao sentido e à verdade	Vivências delirantes primárias:
	1.Humor delirante
	2.Percepção delirante
	3.Ocorrência delirante
	4.Interpretação delirante
	5.Desrealização

Fonte: a autora

As manifestações clínicas que compõe as vivências delirantes são:

Humor delirante (*Wahnstimmung* de Karl Jaspers, ou *Trema* de Klaus Conrad): trata-se de um estado de ânimo especial, caracterizado pela perplexidade, suspeita ou expectativa de mudanças no mundo e no significado das coisas, que o paciente intui que concerne a ele, mas que lhe é impossível explicar.

Percepção delirante: para Kurt Schneider, trata-se de atribuir um significado anômalo, delirante e autorreferente (experiências de significação pessoal) a uma percepção. A atribuição de significado ocorre simultaneamente ao ato perceptivo e, em geral, de forma abrupta como uma espécie de revelação ou apofania de Conrad (um aviso ou mensagem imposta, proferida por uma instância superior). Para Kurt Schneider, trata-se de um dos sintomas de primeira ordem para diagnóstico da esquizofrenia.

Ocorrência delirante: a apofania pode ocorrer sem a percepção precedente do mundo externo. O fenômeno se produz no âmbito do próprio pensamento e o sujeito experiencia uma intensa convicção de veracidade — ainda que pareça absurdo para uma terceira pessoa. São as ideias delirantes.

Interpretação delirante: é uma espécie de combinação e complexificação dos fenômenos anteriores. Consiste na atribuição de valor a fatos externos, percepções, ideias próprias, sensações, e atuações pessoais. O paciente se dota de significação pessoal e autorreferencial, estabelecendo relações entre acontecimentos presentes e passados. É típico dos delírios paranoicos.

Sensação de mudança do mundo (desrealização ou estranheza perceptiva): o conteúdo percebido se apresenta como familiar, mas vem acompanhado pela impressão de que algo mudou, de que, lado a lado a sua significação habitual, há outro significado que não é exatamente o que parece. É um dos fenômenos iniciais das psicoses paranoicas e das esquizofrenias.

6.5 Os fenômenos elementares nas formas clínicas da psicose: paranoia, melancolia, esquizofrenia

A partir da definição dos conceitos de foraclusão e desencadeamento, anteriormente abordados, é possível deduzir o estatuto dos fenômenos elementares: *são significantes que retornam sobre o sujeito como se viessem de fora*, isto é, sem estarem conectados a uma verdade esquecida — conforme verificamos no sintoma neurótico, que representa uma verdade inconsciente. Os fenômenos elementares, apesar de serem feitos da matéria do significante, não obedecem às leis da metáfora e da metonímia. E isso pode ser verificado nos três tipos clínicos da psicose: paranoia, melancolia e esquizofrenia. O Quadro 41 apresenta, sinteticamente, a especificidade dos fenômenos elementares nos três tipos clínicos.

Quadro 41 – Fenômenos elementares nas formas clínicas da psicose

Formas Clínicas	Fenômenos Elementares
Paranoia	O sujeito está na condição de objeto. $S = a$ Pregnância da significação pessoal e do transitivismo no imaginário: $S1 \longrightarrow \emptyset$ S2: tentativa de construção do delírio em torno de um sentido persecutório.
Esquizofrenia	O sujeito está na condição de objeto: $\emptyset = a$ Perturbação na constituição do eu como projeção de imagem que unifica as pulsões/ continuidade entre o funcionamento pulsional e o significante.
Melancolia (psicose maníaco-depressiva)	O sujeito está na condição de objeto: $\emptyset = a$ Fuga de ideias, impossibilidade de limitar as associações — vertente maníaca. Impossibilidade de escapar da culpa e autorrecriminações terríveis, identificação ao objeto anal — vertente melancólica.

Fonte: adaptado de Alvarez; Estéban; Sauvagnat (2009)

6.5.1 Fenômenos elementares na paranoia

A especificidade dos fenômenos elementares na paranoia reside no fato de que a realidade é tomada pelo *excesso de sentido*, obedecendo à lógica do transitivismo típica do imaginário. A partir do que foi apresentado a respeito do caso Schreber, com base nas formulações de Freud (1911/1987, 1914/1987) e Lacan (1955-1956/1986), podemos definir a etiologia da paranoia, como um processo psicopatológico que ocorre na seguinte ordem:

1. A retração do investimento pulsional em objetos (delírio perseguição).

2. O retorno do investimento pulsional sobre o eu (delírio de grandeza).

3. Amplificação do eixo imaginário com fenômenos transitivistas localizados nas relações intersubjetivas.

O professor de psicopatologia Jean Claude Maleval (1998, 2002), da Universidade de Rennes II, atualizou esse processo psicopatológico na base da paranoia e formulou a etiologia da paranoia em quatro tempos. O Quadro 42 é uma adaptação da formulação de Maleval.

Quadro 42 – A etiologia da paranoia em quatro tempos (com base em Maleval, 1998, 2002)

Tempos da Paranoia	Características estruturais	Exemplo de Schreber
Deslocalização da pulsão e irrupção da perplexidade angustiante	1. A ruptura na cadeia significante provoca uma deslocalização da pulsão, expressa nessa retração do investimento pulsional em relação aos objetos. 2. Ocorrência da irrupção do significante S1, em seu caráter xenopático, estrangeiro ao sujeito, a partir da ruptura de base na cadeia S1- S2. A experiência de perplexidade está associada ao estatuto do S1 e a posição do sujeito frente a ele: o sujeito tem a experiência de que não é autor de seus enunciados. A experiência subjetiva dessa retração com deslocalização da pulsão pode aparecer na forma de um *esgotamento nervoso relacionado* à *imposição de S1, a certeza de que esse S1 se refere diretamente ao sujeito, ainda que ele não saiba a razão.*	1. Conjuntura do primeiro desencadeamento em 1884 — ironia do jornal local *Quem conhece o Dr. Schreber?* Esgotamento nervoso com hipocondria severa: imaginara ter perdido de 15 a 20 quilos quando na verdade engordara dois quilos; demandara, por seis vezes, para ser fotografado. 2.Conjuntura do segundo desencadeamento — indicação para o *senatsprasident* da corte de Dresden: crises de angústia e insônia, de amolecimento do cérebro e morte iminente.

Tempos da Paranoia	Características estruturais	Exemplo de Schreber
	Corresponde ao que Meyerson e Quercy, no início do século XX, haviam descrito como a experiência subjetiva do *mal inefável*, imanente, à ocorrência de palavras que rompiam com a cadeia mais ampla da qual fazem parte e que passavam a funcionar à deriva, como enigmas dolorosos. Corresponde a irrupção da Síndrome S em Clérambault/trema - apofania e apocalipse em Conrad).	
Significação da pulsão deslocalizada	Mobilização do sujeito para construir uma interpretação para o significante invasivo S1.	Acusação de complô pelo médico contra Schreber que não o apazigua; ao contrário o deixa à mercê de Deus, que quer matar sua alma e usar seu corpo como o de uma rameira, de uma prostituta.
Identificação da pulsão deslocalizada no outro	Essa identificação se faz por meio de um significante que leva, progressivamente, o sujeito a aceitar a nova condição subjetiva advinda da significação da pulsão deslocalizada.	Mulher de Deus
Consentimento a essa experiência em que a pulsão se localiza no outro	Consentimento à nova realidade subjetiva, elaborada a partir da certeza de que foi adquirido um saber.	Mulher de Deus como saber associado à feminização para que uma nova humanidade, de raça superior, gerada por meio da fecundação por meios divinos.

Fonte: a autora

Esses tempos evidenciam a deslocalização da pulsão, típica da retração do investimento pulsional em relação ao objeto e o sentimento de perseguição para o qual, posteriormente, o sujeito localiza no outro. Nesse sentido, o estudo de caso conduzido por Alexandre Stevens (2005) e publicado em *L'effort pour traduire um regard* é elucidativo. O paciente estava tomado pelo delírio de ciúmes, ao mesmo tempo mantinha preservada uma certa instância crítica, já que afirmava, o tempo todo, que não dispunha de prova alguma da infidelidade de sua mulher. Esse delírio de ciúmes tinha como base uma pergunta precisa: *os outros casais são verdadeiramente felizes?*

6.5.2 Fenômenos elementares na esquizofrenia

Um texto clássico, na obra freudiana sobre a teorização dos processos estruturais na esquizofrenia é *O Inconsciente* (1915/1987r) — em especial o capítulo VII, "Avaliação do Inconsciente". Nesse texto, Freud localiza que, na etiologia da esquizofrenia, ocorre nesta ordem:

1. A retração do investimento pulsional em objetos (delírio de fim do mundo)
2. O retorno do investimento pulsional sobre o corpo (regime de funcionamento pulsional autoerótico).
3. O amplo investimento em palavras (língua do órgão).

Freud (1915/1987r) elucida a relação entre, de um lado, a retração do investimento pulsional em objetos e seu retorno sobre o corpo e, de outro, o amplo investimento em palavras, por meio do estudo de caso de uma paciente de Vistor Tausk. Freud retoma uma conjuntura precisa para o desencadeamento de alguns fenômenos clínicos: uma briga que ela teve com o amante. Após essa briga, ela tem a experiência de que *seus olhos estavam tortos* e profere uma série de críticas ao amante: ele era hipócrita, ele era um *entortador de olhos* (*augenverdreher*). O termo alemão *augenverdreher* significa *enganador*. A paciente de Tausk afirma, então, que após essa briga, ela tinha os olhos tortos, não eram mais seus olhos, via o mundo com olhos diferentes, que não eram seus. Observemos como se dá a relação da paciente com a conjuntura de desencadeamento: a briga com o amante é o marco para que ela interprete a situação com o amante a partir do retorno do investimento pulsional sobre seu corpo. Assim, criticar o amante como *entortador de olhos* não é uma metáfora. É, antes, o fracasso da possibilidade de deslizar e substituir o significante e a estruturação de uma *linguagem hipocondríaca referenciada ao corpo fragmentado* e que Freud, em *O Inconsciente* (1915/1987r), denominara de *língua do órgão.*

Em *O Seminário. Livro 3. As Psicoses* (1955-1956/1986), Lacan recorda a forma como Freud se refere às formas clínicas da psicose. O autor acentua a preferência de Freud pela paranoia e o uso do termo *parafrenia* para se referir à esquizofrenia. Lacan, especificamente, se refere à esquizofrenia por meio do termo *debilidade* precisamente porque, tal como Freud, ele situa o sujeito esquizofrênico dentro da linguagem, mas fora do discurso, ou seja, para Lacan, a esquizofrenia revela a debilidade da relação do sujeito com o discurso ainda que recorra a linguagem.

Na esquizofrenia, Lacan reconhece dois traços clínicos importantes para a especificidade de seu diagnóstico e que nos permite visualizar uma diferença importante com relação à hegemonia do eixo imaginário (com seus efeitos de transitivismo) na paranoia. Dessa forma, na esquizofrenia:

1. O sujeito está excluído do imaginário porque a retração pulsional se dirige até o autoerotismo e a experiência de fragmentação corporal.
2. Continuidade entre significante e pulsão precisamente porque a relação com a linguagem está orientada pela bússola do autoerotismo.

6.5.3 Fenômenos Elementares na psicose maníaco-depressiva

Na psicose maníaco-depressiva, precisamos distinguir as duas faces da mesma moeda dos tempos vividos pelo sujeito: a melancolia e a mania. São as duas faces de uma mesma moeda porque se referem diretamente à decretação da morte do sujeito por sua fixação como objeto.

No que se refere à melancolia, observa-se desde a *síndrome de Cotard* até o empuxo a ultrapassar o limite por meio do ato suicida, devido à sua posição subjetiva de exclusão.

6.5.3.1 A Síndrome de Cotard

O estudo de Henschel de Lima e Assis (2021) traz um conteúdo atualizado sobre a *síndrome de Cotard*.

Com base nesse estudo, apresentarei algumas considerações conceituais importantes para o entendimento sobre a especificidade do fenômeno elementar na psicose maníaco-depressiva.

A Síndrome de Cotard foi inicialmente descrita por Jules Cotard, em 1880, para a compreensão dos processos subjacentes ao quadro melancólico. Essa síndrome se caracteriza pela ocorrência do delírio de negação cuja forma típica (forma especial de delírio hipocondríaco melancólico) é a ideia: 1. de negação de órgãos internos ou orifícios (boca, ânus); 2. de estar podre, sem sangue — até a radicalidade da inexistência ou da morte e que se estende a familiares e amigos, ao tempo e a todo o campo da realidade (o mundo deixa de existir).

Ao mesmo tempo que se instalam tais ideias, pode ocorrer paradoxalmente o delírio de imortalidade e enormidade, cujo testemunho é dado pela afirmação de ser um morto-vivo (COTARD, 1882/1998). Com a finalidade de especificar os delírios de perseguição e de negação, Cotard (1882/1998) caracteriza o delírio de perseguição pela ocorrência desde a hipocondria inicial até a megalomania, e o delírio de negação por uma profunda depressão com ansiedade.

No primeiro, o sujeito acusa seus perseguidores; no segundo, a acusação incide sobre sua própria personalidade até o ponto de sua negação — caracterizada como "negação hipocondríaca" (a negação que atinge a integridade do corpo e dos órgãos), típica da psicose melancólica, e sem correlato em uma lesão anátomo-fisiológica identificável. Nesse caso, o sujeito não tem mais estômago, nem cérebro, nem cabeça. Não se alimenta mais, não digere mais, não troca mais a roupa e recusa os alimentos além, de algumas vezes, não liberar matéria fecal.

> Perguntamos seu nome? Eles não tem nome. Sua idade? Não tem idade. Onde nasceram? Não nasceram. Quem eram seu pai e sua mãe? Não tem pai, nem mãe, nem mulher, nem filhos. Perguntamos se estão com dor de cabeça, no estômago ou em alguma parte do corpo. Não tem cabeça, nem estômago: alguns até não tem corpo; [...] Para alguns a negação é universal, nada existe mais, eles mesmo não são mais nada. (COTARD, 1882/1997, p. 157).

Nessa condição, o sujeito recusa, indistintamente, todos os alimentos, por não ter estômago, porque "a carne e outro nutriente cai-lhes como couro na barriga", ou ainda por não ter como pagar.

> Em geral ela é *total* e tem por objeto indistintamente todos os alimentos; os doentes se recusam a comer porque não têm estômago, 'a carne e outro nutriente cai-lhes como couro na barriga', porque os danados não comem, porque não têm com o que pagar. Alguns, no entanto, dominados por um delírio de culpa ou de ruína menos intenso, escolhem seus alimentos: comem somente pão seco por penitência ou privam-se de sobremesa. (COTARD,1882/1997, p. 89).

Além disso, devido ao delírio de culpa, o sujeito pode vir a escolher seus alimentos: como penitência ingere pão seco, ou se priva de sobremesa. Alinhando a elaboração da teoria sobre a psicose ao debate com a psicopatologia ressalta-se, em Lacan, uma referência direta à síndrome de Cotard e ao processo de constituição da psicose em *O Seminário. Livro 2. O Eu na Teoria e na Técnica da psicanálise* (1954-1955/1985). No debate com Alexandre Koyré sobre a ruptura imposta pela revolução científica no século XVII, Lacan responde à pergunta *por que os planetas não falam*, estabelecendo uma analogia com os testemunhos das pacientes com síndrome de Cotard.

> Aquilo a que elas se identificaram é uma imagem a qual falta toda e qualquer hiância, toda e qualquer aspiração, todo o vazio do desejo, isto é, o que constitui propriamente a propriedade do orifício bucal. Na medida em que se opera a identificação do ser à sua pura e simples imagem, não há tampouco lugar para a mudança, ou seja, para a morte. É justamente disto que se trata na temática delas — elas, ao mesmo tempo, estão mortas e não podem mais morrer, elas são imortais — como o desejo (LACAN, 1954-1955/1985, p. 299-300).

Essa analogia com a síndrome de Cotard é, na verdade, a ocasião para definir o valor assumido pelo corpo na psicose e, em especial, o que Freud (1895/1987, 1917/1987) situara como sendo os efeitos clínicos da hemorragia pulsional na melancolia — a saber:

1. Experiência subjetiva de vazio como propriedade do orifício bucal e indicativa do que Freud (1917/1987) localizara como a hemorragia pulsional na melancolia.

2. Identificação do ser à sua pura e simples imagem como exposição do luto pela perda do objeto.

3. Certeza de que se está morto e de que se é, ao mesmo tempo, imortal.

6.5.3.2 A passagem ao ato suicida

Na linha de continuidade da síndrome de Cotard, por meio da passagem ao ato do suicídio, o sujeito melancólico deixa cair seu próprio corpo, segundo uma lógica em que ao mesmo tempo que é reduzido ao lugar de objeto, esse objeto guarda a especificidade de ser *o dejeto da civilização* (lógica do objeto anal). Essa identificação ao objeto é muito bem testemunhada em um estudo de caso, em que o paciente afirma ao psicanalista que vive em um nevoeiro, que *ficar imóvel é deter o movimento do tempo* e que é *um cadáver* (MILLER *et al.*, 2011). Na mania, ocorre um deslizamento dos significantes, experienciado pelo sujeito, como fuga de ideias e aceleração de todas as funções psíquicas (pensamento, linguagem etc.), evidenciando a dificuldade em estabelecer um limite para as associações. É o momento, ainda, em que surge o delírio de grandeza no qual ele é a razão do bem da humanidade. Nesse quadro maníaco, em que o sujeito pode gastar em excesso até o ponto de ficar sem bens, observamos a fuga de ideias. A alternância com o quadro de melancolia é clara: funciona tamponando o vazio verificado nesse tipo clínico.

Vale ressaltar a centralidade da experiência de vazio, em particular, na hemorragia pulsional, nos casos de melancolia (FREUD, 1895/1982) e no desligamento da pulsão em relação ao mundo externo na esquizofrenia. O psicanalista italiano Massimo Recalcati (2003) toma essa experiência como referência para pensar, na clínica da anorexia, certos casos em que vigoraria um apetite de morte, uma tendência ao zero. O testemunho de um paciente, reproduzido pelo autor, oferece a dimensão dessa experiência radical presente nos dois tipos clínicos em questão.

> Quando me preencho de tudo, quando alcanço o ponto extremo da repugnância, me sinto além desse asco, além de tudo, em um estado de ausência, de não-ser e não-pensamento [...] O vazio que sinto dentro de mim quando consigo prorrogar o jejum até o limite é mais real que qualquer outra coisa. É tão real, é uma presença tão absoluta, que todo o demais desaparece, deixa de existir. Existe só esse vazio (RECALCATI, 1997, p. 51).

6.6 Quando a psicopatologia contemporânea se confunde com a paisagem cotidiana

Muitos sujeitos psicóticos evidenciam a ocorrência de fenômenos elementares muito discretos. São sujeitos que levam uma vida cotidiana:

1. Seja porque não são atravessados por grandes incidentes em suas vidas do tipo *o encontro com Um- Pai*, que resultem no desencadeamento.

2. Seja porque se ancoram em funções profissionais que os estabilizam ao longo da vida, ou em determinados diagnósticos psiquiátricos (por exemplo, depressão, transtornos alimentares).

3. Seja porque fazem uso de determinadas substâncias (drogas ou álcool) a partir das quais territorializam provisoriamente suas experiências enigmáticas e dotadas de significação.

Vale lembrar o exemplo dado por Leader (2013) sobre um paciente, bem-sucedido em sua carreira jurídica, cuja vida não havia sido atravessada por incidentes que produzisse algum fenômeno elementar até que, em um determinado momento, é tomado por uma experiência de angústia indeterminada e pela ideia delirante de que todas as pessoas que tinham o mesmo prenome compartilhavam de um mesmo ancestral. Nesses casos, é possível elencar os mesmos índices utilizados para o diagnóstico da psicose desencadeada. O que ocorre é o funcionamento sutil desses índices para esses casos. Ao longo do tempo, o campo da psicopatologia testemunhou o surgimento de categorias conceituais que denominam esses casos. O próximo capítulo discorrerá sobre uma pequena amostra dessas denominações e os impasses diagnósticos que as envolvem.

CAPÍTULO 7

OS IMPASSES QUE A CLÍNICA CONTEMPORÂNEA IMPÕE AO DIAGNÓSTICO EM PSICOPATOLOGIA: *BORDERLINE, ESTADOS LIMITES, PSICOSES ORDINÁRIAS*

7.1 Considerações iniciais

Chegamos ao final deste livro, retomando, a partir do capítulo anterior, um ponto importante referente à forma de apresentação clínica na contemporaneidade: a psicopatologia contemporânea se confunde com a paisagem cotidiana. A ocorrência dessas psicopatologias, mais ou menos estáveis ao longo do tempo, nos coloca diante das seguintes perguntas:

1. O que fazer quando estamos diante de casos, na clínica, que não trazem a extraordinariedade da psicose desencadeada?
2. Como diagnosticar esses casos?

Essas perguntas são, mais uma vez, importantes, diante de casos clínicos em que o sujeito apresenta um desencadeamento psicótico no interior de uma história clínica de ausência de situações psiquiátricas. A Covid-19 é uma conjuntura que mostrou que isso pode acontecer.

A expansão das edições do DSM, bem como a crítica que encontramos à sua presença como paradigma do diagnostico em psiquiatria, não implica que defendamos uma espécie de "grau zero" do diagnóstico em psicanálise. O problema que localizamos no DSM se refere diretamente ao duplo deslocamento, por ele produzido, neste campo:

1. Do estudo do caso único, paradigmático dos quadros clínicos em psicanálise, para um "contável" — ou seja, aquele que reúne um determinado número de itens a serem localizados em um classe.
2. Do qualitativo ao quantitativo, com exclusão da dimensão da teoria.

Dessa forma, a crítica que o campo da psicopatologia psicanalítica endereça ao DSM se refere, centralmente, à redução da disciplina do diagnóstico diferencial a uma prática da observação do sintoma e sua classificação, conforme estudamos em *A Paixão pelo Transtorno*. A disciplina do diagnóstico diferencial — com base na identificação dos traços estruturais da psicose com base no estudo dos conceitos de foraclusão, desencadeamento e fenômenos elementares — mostra-se de fundamental importância na atualidade.

No artigo de Valérie Boucherat-Hue (2012) — intitulado *Le « péripsychotique » dans les cliniques interstitielles de l'excitation et de l'inhibition somatopsychiques* — a autora ressalta a ocorrência de uma dissolução dos grandes quadros clínicos estruturados em torno de núcleos psicopatológicos bem caracterizados — como a neurose e a psicose. O que nos leva a localizar esses quadros clínicos como sendo os novos capítulos de uma *psicopatologia* qualificada de *contemporânea*. Tais quadros clínicos se apresentam como: menos extraordinários do que os grandes casos de neurose e de psicose, mais distantes dos grandes casos clínicos paradigmáticos das estruturas da neurose e da psicose em psicopatologia, mais aleatórios, mais variáveis.

7.2 O campo da psicopatologia contemporânea

Conforme mencionado anteriormente, a variabilidade dos fenômenos clínicos, na atualidade, interroga as classificações atuais vigentes no campo da psiquiatria e no próprio campo da psicopatologia psicanalítica mais clássica, exigindo que retomemos tanto a centralidade do caso único, que tenhamos a paciência exigida com o caso único, como também que valorizemos o estudo da teoria e sua capacidade de avançar na direção desse novo campo que se abre na clínica: o campo das desestabilizações do funcionamento afetivo, das estranhezas discretas que um sujeito apresenta em relação a seu corpo, dos traços da perversão que, normalmente, se escondem na aparência de normalidade da moda, dos vazios experienciados pelo sujeito.

O Quadro 43 apresenta uma breve amostra dos quadros clínicos investigados pelo Laboratório de Investigação das Psicopatologias Contemporâneas (Lapsicon), do Departamento de Psicologia da UFF (Campus de Volta Redonda)[.]

[.] O Lapsicon está inscrito oficialmente no Diretório dos Grupos de Pesquisa do CNPq e localizado no endereço: dgp.cnpq.br/dgp/espelhogrupo/6854188096533697.

Quadro 43 – Amostra das psicopatologias contemporâneas

Crises de pânico
TDAH
Somatização
Transtornos alimentares
Dificuldades no controle do impulso
Cutting, autolesão
Atos sexuais e agressivos
Crises de ansiedade e depressão
Adições (compulsões)

Fonte: a autora

Esses fenômenos clínicos resistem à sua localização em uma estrutura psíquica com um núcleo psicopatológico bem-definido pela psicopatologia psicanalítica. Não esqueçam que nossa referência é aquela que apresentei, por meio da tabela sobre as modalidades psíquicas de defesa nas estruturas psíquicas. A rigor, o avanço conceitual de Freud — desde a elaboração desse núcleo psicopatológico no texto *As neuropsicoses de defesa* (1894/1987e) até um texto mais tardio, como foi o caso de *A Perda da Realidade na Neurose e na Psicose* (1924/2006) — com relação à determinação do núcleo psicopatológico das estruturas psíquicas se preservou. O Quadro 44 apresenta, de forma sintética, o que denominamos de núcleo psicopatológico clássico.

Quadro 44 – Núcleo psicopatológico das estruturas psíquicas

Estruturas Psíquicas	Etiologia Psíquica
Neurose Histérica	1.Separação entre representação psíquica e afeto. 2.Recalcamento da representação psíquica. 3.Conversão do afeto
Neurose Obsessiva	1.Separação entre representação psíquica e afeto. 2.Recalcamento da representação psíquica. 3. Deslocamento do afeto para outras representações psíquicas.

Estruturas Psíquicas	Etiologia Psíquica
Psicose	1.Rejeição, por parte do eu, da representação psíquica e do afeto, ligada a ela (sem a separação da representação e do afeto, que ocorre nas neuroses) fazendo com que a representação em questão não tivesse ocorrido. 2. Desconhecimento quanto à ocorrência da representação (é como se ela nunca tivesse ocorrido), desligamento da realidade e confusão alucinatória.

Fonte: a autora

Ao estabelecer uma comparação entre os quadros 43 e 44, observamos que não estamos mais no campo dos fenômenos clínicos, cuja estrutura psíquica é identificável. Não encontramos construções fóbicas, mas crises de pânico; não encontramos sintomas conversivos, mas somatizações e transtornos alimentares; não encontramos *acting outs*, atuações, mas explosões de atos de caráter abusivo endereçado às pessoas ou de caráter agressivo endereçados ao próprio corpo, não encontramos mais as perguntas incômodas sobre o que é o ser humano, mas a narcotização da pergunta pelo recurso à droga. Essas psicopatologias se distinguem das estruturas clássicas, em três sentidos:

1. Elas estão referidas ao corpo, ao somático.
2. Elas possuem uma natureza performativa.
3. Elas não estão referidas à historicização, ou seja, à elaboração de uma história pessoal de enquadre desses fenômenos clínicos em uma razão ou significado.

Na psicopatologia psicanalítica, alguns sintagmas foram elaborados como tentativa de delimitar esses fenômenos, especificar suas características sintomáticas e seus determinantes estruturais:

1. *Borderline* (Otto Kernberg).
2. *Estados limites* (Jean Bergeret).
3. *Psicoses ordinárias* (Jacques-Alain Miller).
4. *Psicose branca* (André Green).
5. *Patologias atuais* (Paul Verhaeghe).
6. *Configurações perineuróticas e configurações peripsicóticas* (Valérie Boucherat-Hue).

Esses sintagmas localizam, definem um enquadre diferente para as psicopatologias contemporâneas. No entanto, a leitura mais transversal desses sintagmas permite que identifiquemos: a necessidade de situar a ocorrência discreta de um "antes e depois" da irrupção desses quadros psicopatológicos, os momentos de desestabilização, e a forma assumida pelo sujeito quando a expressão da psicopatologia for mais discreta. As psicopatologias contemporâneas nos colocam no cerne desta questão: quem é o sujeito antes do primeiro desencadeamento?

Esses sintagmas operam nessa pergunta. O último capítulo deste livro é dedicado a uma breve apresentação acerca dos sintagmas *estados limites* (Jean Bergeret), *borderline* (Otto Kernberg) e *psicoses ordinárias* (Jacques-Alain Miller).

7.3 A denominação de *Borderline*

Entre o final da década de 1930 e início de 1940 começaram a surgir na literatura psicopatológica uma série de referências a pacientes que não se enquadravam em um diagnóstico clássico de esquizofrenia. No entanto, a despeito de serem pacientes que conservam ainda um grau significativo de integração da personalidade e de contato com a realidade, apresenta-vam graves fenômenos clínicos: comportamento instável, impulsivo, com períodos de agitação e desespero que chega à autoagressão e ao suicídio.

Autores como Hock e Polatin, em 1949, elencaram os sintomas apresentados por esses pacientes e os denominaram como esquizofrênicos: ansiedade difusa, neuroses polimórficas e pansexualidade.

O termo borderline surgiu em 1938, com a publicação do artigo de Adolph Stern, intitulado "Psychoanalytic investigation of and therapy in the border line group of neuroses".

Otto Kernberg avança na investigação etiológica desses fenômenos clínicos, destacando-se, nesse campo, por ter formulado um modelo teórico das perturbações da personalidade, furtando às classificações superficiais relativas ao comportamento.

Ele formula o conceito de *organização borderline da personalidade* e o define no artigo "Borderline personality organization" (1967). Em seu livro *Borderline Conditions and Pathological Narcissism* (1992), Kernberg a localiza no quadro mais amplo dos transtornos de personalidade, tal como é possível observar na Figura 7, que expõe o modelo de Kernberg para definição dos transtornos de personalidade.

Figura 7 – Modelo de Kernberg dos transtornos de personalidade

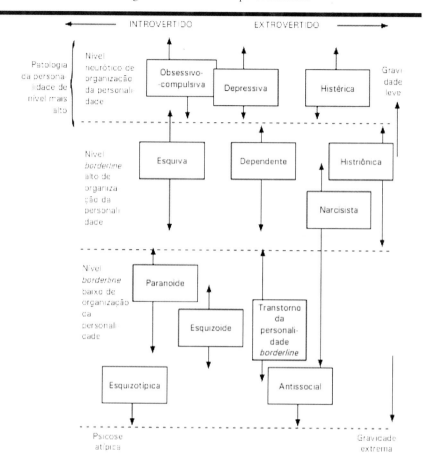

Fonte: Kernberg (1992)

Conforme é possível observar na Figura 7, trata-se de uma estrutura psicopatológica específica, situada na região fronteiriça entre a neurose e a psicose, e constituindo-se essencialmente como um transtorno da personalidade que apresenta os seguintes sintomas: ansiedade crônica, difusa, livremente flutuante; sintomas neuróticos múltiplos e persistentes (múltiplas fobias, obsessões, compulsões, sintomas conversivos bizarros, reações dissociativas, hipocondria e tendências paranoides); tendências sexuais perversas polimórficas; componentes paranoides, esquizoides e maníacos de personalidade; tendência à impulsividade e a diversos tipos de adição e um caráter impulsivo e caótico. A condição de labilidade emocional, as necessidades exibicionistas e de dependência e os sentimentos crônicos de vazio são igualmente destacados por Kernberg (1967), nessa época.

Esse quadro sintomático está elencado no Quadro 45, e o critério para seu diagnóstico é a presença de, pelo menos, três sintomas desse conjunto.

Quadro 45 – Sintomas e características da organização de personalidade borderline

Sintomas	Características
Ansiedade	Quadro de ansiedade difusa, crônica e constante.
Neurose polissintomática	Os pacientes apresentam pelo menos dois sintomas do quadro abaixo específico: A. Múltiplas fobias que comprometem a rotina cotidiana do paciente. São elas: 1.a. Fobias relacionadas ao próprio corpo ou aparência (medo de falar em público, medo de ser olhado) em contraste com fobias que não envolvem o próprio corpo ou aparência (fobia a animais, a tempestades, de lugares altos). 2.a. Fobias que envolvem elementos indicativos de neurose obsessiva (medo de sujeira, medo de contaminação). 3.a. Múltiplas fobias que evolvem inibições sociais severas e padrões paranoicos. B. Pensamentos obsessivos de natureza paranoica e hipocondríaca e sintomas obsessivo-compulsivos com tendência a serem superdimensionados pelo paciente, que racionaliza sua ocorrência: por ex., um paciente que lava as mãos compulsivamente e apresenta rituais de contaminação, racionaliza esses atos com argumentos de limpeza, perigo ligado a vírus, bactérias, sujeira etc. C. Sintomas conversivos múltiplos de tipo severo, que se estendem por anos. D. Reações dissociativas, estados crepusculares, fuga e amnésia acompanhados por alterações da consciência. E. Hipocondria: manifesta sob a forma de preocupação com a saúde e um medo crônico de ficar doente. F. Tendências paranoides e hipocondríacas com outra neurose sintomática: essas tendências não são secundárias à ansiedade; na verdade, são concomitantes à ansiedade.

Sintomas	Características
Padrão perverso de sexualidade	O critério aqui é o grau de: 1. Caoticidade e multiplicidade das fantasias e ações perversas. 2. Instabilidade do objeto ligado a essas interações. 3. Bizarrice da perversão – especialmente, aquelas que envolvem manifestações agressivas primitivas ou substituição dos objetivos genitais por objetivos eliminatórios (micção, defecação).
Neuroses de impulso e Adições	Alcoolismo, toxicodependências, obesidade e cleptomania são exemplos típicos. Estes fenômenos podem se fundir com o padrão perverso de sexualidade, em que o sintoma perverso aparece de forma disruptiva. Esses fenômenos também se fundem com o *"acting-out"*.
Transtornos de caráter	Deve-se considerar a patologia de caráter ao longo de um *continuum* ("alto nível" para "baixo nível") de acordo com o grau de predominância dos processos psíquicos. Personalidades histéricas mais típicas são não estruturas *borderline*; o mesmo vale para a maioria das personalidades obsessivo-compulsivas. Personalidades narcisistas típicas, personalidades "como se" e personalidades antissociais apresentam uma organização borderline subjacente: 1. Estrutura de personalidade narcisista: na superfície, essa estrutura não parece ser severamente regredida podendo funcionar socialmente muito bem. Apresenta um grau incomum de autorreferência em suas interações com outras pessoas, uma grande necessidade de ser amado e admirado por outros, e uma curiosa contradição aparente entre um conceito muito inflado de si mesmo e uma necessidade de ser amado e reconhecidos pelos outros. Sua vida emocional é superficial. Ela experimenta pouca empatia pelos sentimentos dos outros, obtendo muito pouco prazer da vida, a não ser o prazer extraído da homenagem que recebe dos outros ou de suas próprias fantasias grandiosas. É uma personalidade inquieta, entediada toda vez que o brilho externo desaparece e nenhuma fonte nova alimenta sua autoestima. Sente muita inveja dos outros, tende a idealizar algumas pessoas de quem esperam suprimentos narcisistas, e depreciar e tratar com desprezo todo aquele de quem não esperam nada (muitas vezes seus antigos ídolos). Em geral, seus relacionamentos com outras pessoas são claramente exploradores e, às vezes, parasitário (sentem que têm o direito de controlar e possuir os outros, de explorá-los sem sentimento de culpa). Subjacente a uma superfície que muitas vezes é encantador e envolvente, identifica-se a frieza e crueldade. Muitas vezes, a personalidade narcisista é considerada como "dependente"

Sintomas	Características
	porque precisa de homenagem e adoração dos outros. Mas em um nível mais profundo ela é completamente incapaz de depender de alguém por causa de sua profunda desconfiança e depreciação dos outros. Seu comportamento arrogante, grandioso e controlador é uma defesa contra traços paranoides relacionados à projeção da raiva que é central em sua psicopatologia.
	2. Personalidade antissocial: pode ser considerada um subgrupo da personalidade narcisista. A personalidade antissocial apresenta a mesma constelação geral de traços da personalidade narcisista, em combinação com uma patologia do supereu.

Fonte: adaptado de Kernberg (1967)

Quando o quadro clínico se centra na presença de fenómenos mais próximos da psicose — como ideias de referência, comportamento bizarro, isolamento social, retraimento, dificuldade em estabelecer laços afetivos e hipersensibilidade a críticas — o diagnóstico psiquiátrico deve ser, segundo o DSM-IV, não mais de transtorno borderline, mas de transtorno esquizotípico da personalidade. Além de isolar os sintomas da *organização borderline da personalidade*, Kernberg distingue dois níveis dessa organização: o nível mais elevado e o nível mais baixo de organização borderline. Uma síntese desta distinção está esboçada no Quadro 46.

Quadro 46 – Distinção entre níveis *borderline* de organização da personalidade, conforme Kernberg (1992)

Nível *borderline* alto de organização da personalidade	Nível *borderline* baixo de organização da personalidade
Esquiva	Paranoide
Dependente	Esquizotípica
Narcisista	Esquizoide
Histriônica	Transtorno de personalidade *borderline*
	Antissocial

Fonte: adaptado de Kernberg (1992)

É importante destacar que essa distinção não representa uma distinção entre categorias classificatórias. Um grupo particular de pacientes — a saber, aqueles com transtorno de personalidade narcisista, síndrome de narcisismo maligno e transtorno de personalidade antissocial — normalmente sofre de desorganização significativa do supereu. Além disso, são pacientes com graves distorções nas relações interpessoais, particularmente nas relações íntimas com os outros, falta de compromisso consistente com o trabalho ou profissão, incerteza e falta de direção em muitas outras áreas de suas vidas, e vários graus de patologia em sua vida sexual. Muitas vezes, apresentam uma incapacidade de integrar sentimentos ternos e sexuais, e podem apresentar uma vida sexual caótica com múltiplas tendências infantis perversas polimorfas. Os casos mais graves podem apresentar uma inibição generalizada de todas as respostas sexuais. Esses pacientes também evidenciam manifestações inespecíficas de fragilidade do eu — por exemplo, falta de tolerância à ansiedade, falta de controle de impulsos.

A organização da personalidade borderline também é caracterizada pela difusão da identidade e pela predominância de operações defensivas primitivas centradas na cisão, mas se distingue da organização psicótica pela presença de bons testes de realidade, refletindo a diferenciação entre as representações do self e do objeto nas formas idealizada e persecutória, setor característico da fase de separação-individuação. Na verdade, essa categoria inclui todos os transtornos graves de personalidade vistos no cotidiano da prática clínica: o borderline, o esquizoide e esquizotípico, o paranoico, o hipomaníaco, o narcisista (incluindo a síndrome do narcisismo maligno, e o antissocial. Esses pacientes apresentam difusão de identidade, manifestações de operações defensivas primitivas e graus variados de deterioração do supereu (comportamento antissocial). Um grupo particular de pacientes, que sofre de transtorno de personalidade narcisista, síndrome de narcisismo maligno e transtorno de personalidade antissocial, também pode apresentar desorganização significativa do supereu.

Em função da ocorrência da difusão da identidade, os sujeitos que apresentam transtornos de personalidade no espectro limítrofe desenvolvem graves distorções nas relações interpessoais, particularmente nas relações íntimas com os outros, falta de compromisso consistente com o trabalho ou profissão, incerteza e falta de direção em muitas outras áreas de suas vidas, e vários graus de patologia em sua vida sexual. Muitas vezes apresentam uma incapacidade de integrar sentimentos ternos e sexuais, e podem apresentar uma vida sexual caótica com múltiplas tendências infantis perversas polimorfas. Os casos mais graves podem apresentar uma inibição generalizada de todas as respostas sexuais como consequência de uma ativação insuficiente das respostas sensuais nas primeiras relações com o cuidador e uma predominância avassaladora da agressão, que interfere na sensualidade ao invés de recrutá-la para objetivos agressivos. Esses sujeitos também evidenciam manifestações inespecíficas de fragilidade do eu: falta de tolerância à ansiedade, controle de impulsos e funcionamento sublimatório, expressos em uma incapacidade de consistência, persistência e criatividade no trabalho. Os sujeitos com um grupo particular de transtornos de personalidade apresentam as características de organização de personalidade limítrofe, mas são capazes de manter uma adaptação social mais satisfatória e geralmente são mais eficazes em atingir algum grau de intimidade nas relações objetais e na integração de impulsos sexuais e ternos. Assim, apesar de apresentarem difusão identitária, evidenciam desenvolvimento suficientemente não conflituoso de algumas funções do eu, integração do supereu, ciclo benigno de envolvimentos íntimos, capacidade de gratificação da dependência e melhor adaptação ao trabalho. Esse grupo, que constitui o que pode ser chamado de nível mais alto de organização da personalidade limítrofe ou nível intermediário de transtorno de personalidade, inclui a personalidade ciclotímica, a personalidade sadomasoquista, a personalidade infantil ou histriônica e as personalidades dependentes, bem como algumas personalidades melhores, transtornos de personalidade narcisista funcionais.

7.4 O conceito de *estados-limites*

Esse conceito foi elaborado por Jean Bergeret em *Les états limites et leurs aménagements* (1972). Ele estabelece a distinção entre *estados limites* e *borderline*, considerando que o que Kernberg denominara de *borderline* se referia, na verdade, à casos de esquizofrenia não descompensada. E que os estados limites se referem à outra coisa. Bergeret (1972) fundamenta a definição de estados limites, no conceito de *anaclítico* ou *apoio* (*Anlehnung*) introduzido por Freud em *Sobre o Narcisismo: Uma Introdução* (1914/1987n) para se referir ao processo de constituição da pulsão por apoio nas necessidades vitais e para qualificar um dos critérios para a escolha do objeto.

Bergeret cita a importância dos estudos de René Spitz sobre a depressão infantil para a compreensão de quadros psicopatológicos cuja etiologia remonta a esse momento do início da vida, em que ocorre a constituição da libido sobre a necessidade vital. E mostra como Spitz emprega o termo freudiano *apoio* (*Anlehnung*) para denominar uma forma específica de depressão na infância: a *depressão anaclítica*. Sua etiologia reside na ruptura precoce do apoio materno e na ausência de um substituto materno responsável pelos cuidados da criança. A partir dessa referência, Bergeret (1972) estende para a psicopatologia do adulto, o que Spitz havia descrito para a depressão na criança: o sintoma dominante do estado limite adulto é a depressão. E a angústia típica do estado limite está ligada à perda do objeto e não à angústia de castração.

No estudo recente, intitulado *Faut-il distinguer états limites et borderline?* (2016), Dominique Wintrebert avança sobre a pesquisa dos estados limites e do borderline e elabora a hipótese de que estados limites e borderline não seriam, propriamente falando, quadros psicopatológicos distintos, mas sim tipos distintos de psicose não desencadeada. Os estados limites definem um momento prévio ao desencadeamento de quadros de transtornos de humor (psicose maníaco-depressiva) e o borderline define os quadros de pré-esquizofrenia.

7.5 Psicose Ordinária

O sintagma *psicose ordinária* foi elaborado pelo psicanalista francês Jacques-Alain Miller no contexto de formação de um programa de pesquisa, cujo problema se referia justamente à natureza diagnóstica dessa psicopatologia contemporânea. Esse programa gerou três conversações que representaram no campo da psicanálise lacaniana, o avanço da pesquisa diagnóstica em psicose: Conciliábulo de Angers, Conversação de Arcachon e Convenção de Antibes.

No conjunto dessas conversações se discutiu o impacto do declínio generalizado do significante Nome-do-Pai no funcionamento subjetivo, tomando como base um conjunto de casos clínicos onde a presença da estrutura psicótica acabava por ser identificável — a despeito de não se verificar uma história clínica de tratamento psiquiátrico, nem se evidenciar a eclosão de alucinações e delírios ou o desencadeamento de um quadro de melancolia. A ocorrência desses casos contraria, precisamente, o arcabouço teórico da psicanálise de orientação lacaniana que, entre os anos de 1950 e o final dos anos de 1990, orientava o entendimento da estrutura psicótica pela hipótese da foraclusão do Nome-do-Pai, localizando na alucinação o resultado direto da foraclusão, conforme foi estudado ao longo deste livro e, assim, esquematizado:

1. Ruptura do par S1-S2.

2. Isolamento do S1.

3. Incidência sobre o sujeito como enigma que suscita a perplexidade.

O caso B. é, particularmente, elucidativo de novos índices para localizar o traço diferencial da psicose.

O estudo de caso fora apresentado por Jean-Pierre Deffieux, em *Los inclasificables de la clínica psicoanalítica* (MILLER *et al.*, 2008). B. tem 36 anos, é filho de uma família da alta burguesia do norte da Europa. Seu pai é industrial. Ele apresenta a seguinte queixa: não tem vontade, é incapaz, está parado na vida, não tem energia para nada. Sobre isso, afirma com frequência que *não tenho energia*. Seu percurso é mais ou menos o seguinte: aos 17 anos interrompera repentinamente seus estudos; anos mais tarde, realizou as provas do ensino médio e foi muito bem-sucedido; montou três empresas modestas onde sempre trabalhara sozinho — sendo que a última empresa era de marcenaria. O pai sempre acompanhara de perto os negócios do filho e as empresas eram bem-sucedidas. Em março de 1993, suspendera repentinamente suas atividades, exatamente após ter sido elogiado em um artigo publicado em uma revista de decoração. O argumento era que queria romper com a sociedade de consumo e com o comportamento rígido de sua família; queria, então, estudar ecologia e trabalhar em uma área ligada a algum país do Terceiro Mundo. Em 1994, obteve o diploma em ecologia, sendo o primeiro de sua turma. Em março de 1994, rompe um namoro com uma mulher e tem um encontro homoafetivo apaixonado que durou três meses. Sobre isso, afirmou que sentia atração por homens, mas a moral paterna o impedira. Em 1995, nada vai bem com ele. Inscreve-se na Universidade, mas não consegue aprender nada e nem consegue acompanhar as aulas. Dá voltas por aí e passa a ser beneficiário do RMI, um subsídio dado pelo governo francês àqueles que não dispõem de recursos financeiros e cujo objetivo é favorecer a inserção profissional. É a época em que sai muito, frequenta lugares LGBTQIA+, mas os laços são efêmeros e superficiais.

O que faz Deffieux levantar a hipótese diagnóstica de esquizofrenia? O fato de essa descrição, fornecida pelo paciente, vir acompanhada do relato da seguinte cena, em relação a qual o sujeito afirmara *nunca pensar e que se recordara pela primeira vez na ocasião da ruptura de seu primeiro relacionamento homoafetivo.*

> [...] aos oito anos, quando se dirigia ao treino de natação, um homem lhe oferece carona de bicicleta. B. aceita sem vacilar. O homem o leva para um bosque, lhe aplica uma surra e ameaça cortar seu sexo com uma faca. Relata, ainda, que no

início da surra, recorda que havia abandonado seu corpo, se distanciado dele, desparecido. Ele escuta uma voz que profere *Veja!* E, então, nesse momento, ele vê um menino, conclui que era ele mesmo, e escapa, nu, das mãos do homem (DEFFIEUX, 2008, p. 205).

Esse testemunho dado por B. surpreende Deffieux: sobre essa cena, o paciente afirma, categoricamente, não saber se sentiu dor. Com base nesse caso clínico, Deffieux elabora o diagnóstico de esquizofrenia, a partir de três índices estruturais expostos no Quadro 47. O quadro apresenta, ainda, uma relação com os índices estruturais para diagnóstico da psicose esquizofrênica.

Quadro 47 – Índices estruturais, propostos por Deffieux, para o diagnóstico de esquizofrenia

Fenômeno clínico	Índices estruturais de Lacan	Índices estruturais de Deffieux
Cena da surra aos 8 anos — o sujeito não sentira dor, experienciando o corpo como alheio, confirmado pela declaração do paciente de que *não sabia se havia sentido dor.*	O sujeito está excluído do imaginário porque a retração pulsional se dirige até o autoerotismo e a experiência de fragmentação corporal.	O estranhamento entre o eu e o corpo ou a exterioridade do corpo.
Cena da surra aos 8 anos — o sujeito escuta uma voz que profere *Veja!* E, então, nesse momento, ele vê um menino, conclui que era ele mesmo, e escapa, nu, das mãos do homem.	Ocorrência da Síndrome S com a especificidade da continuidade entre significante e pulsão.	Exterioridade do significante com traços de heterogeneidade radical em relação ao sujeito.
Ao relatar a reação de seu pai ao evento da surra, o paciente o localiza como aquele que sabe o que convém ao seu filho, mas que não atende ao seu apelo (*regressando à casa, ele conta ao pai o que lhe ocorrera, mas este não acreditou*. Foi o pediatra que reconheceu a gravidade da surra e lhe medicou).	A especificidade da foraclusão do NP — um pai que não atende ao apelo do sujeito.	A localização de um pai legislador.

Fonte: a autora

O caso B. evidencia, à época, a possibilidade de se elaborar três índices para o diagnóstico da estrutura psicótica:

1. Estranhamento entre o eu e o corpo ou a exterioridade do corpo.
2. Exterioridade do significante com traços de heterogeneidade radical em relação ao sujeito.
3. Presença de um pai legislador.

Esses novos índices clínicos para diagnóstico da psicose, para além da localização da alucinação verbal, permitiram interrogar o estatuto do funcionamento do significante na psicose. O caso B. evidencia que o sujeito não está imune aos efeitos do significante. Ambos os estudos de caso ressaltam o traço específico de abandono do corpo, de exterioridade do eu em relação ao corpo e de um abandono do significante evidenciado, especialmente pela forma como o paciente de Deffieux localizara a relação entre seu eu e seu corpo e como seu pai se comportara diante da presença de seu corpo espancado (*isso não é nada*).

7.5.1 Uma proposta de índices para o diagnóstico de psicose em casos de não desencadeamento

É possível, mesmo na ausência de fenômenos clínicos que evidenciem a psicose desencadeada, elencar os mesmos índices utilizados para o diagnóstico da psicose desencadeada. O que ocorre é o funcionamento sutil desses índices para as psicoses não desencadeadas.

A primeira referência em termos de pesquisa de índices de diagnóstico é a de Jacques-Alain Miller, em "Efeito de Retorno à Psicose Ordinária" (2012). Nesse artigo, o autor apresenta três índices para diagnóstico de psicose ordinária, por ele definidos como *tripla externalidade*:

1. Externalidade social: caracterizada pela impossibilidade de o sujeito assumir e manter uma função social. Ela se apresenta, clinicamente, após anos de aparente identificação com uma determinada posição social. Aqui, o conceito de *superidentificação intercrítica* a papéis sociais, demonstrada por Tellenbach para os casos de melancolia, é essencial para entender como essa aparente identificação é, nesses casos, um trabalho psíquico de apagamento do vazio aberto pela foraclusão.
2. Externalidade corporal: caracterizada pela relação de exterioridade entre o sujeito e seu corpo: o corpo é um Outro para o sujeito. Essa

externalidade está no fundamento de uma série de laços artificiais que um sujeito pode fazer ao longo de sua vida para apropriar-se de seu corpo, para ligar seu corpo a ele mesmo.

3. Externalidade subjetiva: caracterizada por uma identificação não simbólica, não metaforizada: o sujeito pode se transformar em um rebotalho, negligenciando a si mesmo ao ponto mais extremo, conforme observamos nos casos de anorexia melancólica (HENSCHEL DE LIMA; ASSIS, 2021).

Um outro autor importante que também faz pesquisa na determinação desses índices é Darian Leader (2013). O Quadro 48 sintetiza os índices que descreverei a seguir.

Quadro 48 – Índices psicopatológicos úteis para a elaboração de uma hipótese diagnóstica de psicose sem evidência de desencadeamento

Certeza
Dúvida
O *continuum* da estrutura cronológica e histórica.
Presença de momentos definidores que produzem uma distinção entre "antes e depois"
Revelação
Xenopatia
Ironia
Localização atípica da pulsão

Fonte: adaptado de Leader (2013)

7.5.1.1 Certeza

Quando estudamos o conceito de *foraclusão*, foi possível entender como a certeza na psicose desencadeada é indissociável da experiência de perplexidade inicial, precisamente porque a foraclusão atinge a cadeia remissiva do significante desmantelando a relação entre significante e significado e abrindo para o sujeito um vazio de significação. Vimos essa experiência no contexto do primeiro desencadeamento de Schreber, quando a publicação de uma matéria no jornal intitulada *Quem é afinal o Dr. Daniel Paul Schreber?*. Diante do vazio de significação, Schreber experiencia a certeza inabalável de que a pergunta-título da matéria de jornal não era uma metáfora para o conteúdo da matéria, mas era uma pergunta endereçada ao seu ser, e para a qual não tinha nenhuma resposta.

Na certeza, *saber e verdade não estão em conflito, formando um par homogêneo na vida psíquica do sujeito psicótico por toda a sua vida*. É comum encontrarmos (LEADER, 2013):

1. Ideias delirantes relativas ao corpo, a leis da natureza, à genealogia da humanidade ou à proteção de crianças.

2. A relação entre essas ideias delirantes e uma hipótese sobre a origem: de que são feitos os corpos, como se dá a existência dos objetos no mundo, como se deu a origem do ser humano ou da raça.

A ideia delirante decorre da experiência primária de significação, de um momento de convicção extrema experienciada pelo sujeito. Ela não é acessível a terceiros, o que mostra seu caráter de *certeza*, não dialetizável. E a chave de seu reconhecimento é justamente esta: é lógica, compreensível, mas se impõe como experiência primária de significação, como certeza não dialetizável. Vejamos essa breve passagem do livro de Leader (2013, p. 95):

> Essa certeza pode emergir de maneiras muito discretas. Pode ser durante aquela conversa da madrugada em que alguém fala de sua filosofia de vida. Esta pode ser uma teoria abrangente do mundo ou um simples conjunto mínimo de normas pelas quais a pessoa vive, reveladas na intimidade. Só depois de um ano trabalhando juntos foi que uma de minhas pacientes me disse ter uma lista escrita de instruções para sua vida, a qual sempre carregava no bolso do casaco. Para ela, essas eram certezas jamais questionadas, que lhe permitiam atravessar as muitas situações difíceis em que se descobria. As regras também podem assumir a forma de conselhos vindos de um livro de autoajuda, ou de um especialista que a pessoa leve a sério.

Conforme já alertei aqui, essas ideias são bem sutis nos sujeitos que não padecem do desencadeamento, com detalhes que podem passar como algo sem importância clínica, caso o psicólogo clínico não tenha conhecimento desses índices. Mas, a partir do momento em que sabemos que a certeza se apresenta como um índice presente em casos de psicose não desencadeada, é possível observar a certeza delirante em algum detalhe da fala do sujeito que indique um interesse especial dele por temas relativos à origem.

Diante desse detalhe, podemos conduzir o processo de entrevistas clínicas (entrevistas preliminares) na direção de perguntar sobre, por exemplo, um livro que esteja lendo, um filme que prendeu sua atenção, o recurso a sites de busca na internet, redes sociais, uma material acadêmico, um texto ou carta que esteja redigindo. A descrição desses interesses pode revelar:

1. O quanto gravitam em torno de uma temática delirante relativa à origem.

2. O grau de intensidade dessa temática na vida psíquica do sujeito: se ainda é discreta ou se está apresentada como fato conhecido.

3. A posição do sujeito diante da ideia delirante: se o sujeito sabe, com certeza, de alguma coisa sobre a origem e guarda para si próprio, ou se compartilha com a humanidade.

Essa posição subjetiva de certeza diante da ideia delirante — que pode fazer com que o sujeito a guarde para si próprio ou a compartilhe com a humanidade — define as duas formas clínicas da psicose mesmo não desencadeada.

Com relação à primeira posição subjetiva, Leader (2013) dá o exemplo de uma mulher de 50 anos, que fora internada em um hospital após entrar em um banco e pedir ao caixa os 20 mil euros que lhe foram prometidos. Durante a internação, explicara que, aos 20 anos, tivera uma revelação: se permanecesse virgem por mais 30 anos, receberia 20 mil euros. Essa situação revela que a mulher guardara discretamente essa ideia delirante por 30 anos, até o momento em que foi ao banco, anunciando que viera buscar o dinheiro. Mas uma ideia delirante pode ser rapidamente alvo da atenção quando publicitada. Leader (2013) cita o exemplo de uma mulher, que soube que seu médico a amava no dia em que sentiu uma dor no braço enquanto trabalhava: ela tinha a certeza de que o médico enviara essa dor para que ela voltasse a procurá-lo. Essas ideias delirantes, frequentemente, derivam do axioma *o Outro me ama* e são independentes da evidência de qualquer sentimento que o outro nutra pela pessoa.

7.5.1.2 Dúvida

Não é rara a ocorrência de uma confusão diagnóstica entre neurose e psicose, diante das procrastinações apresentadas por sujeitos psicóticos que não passam por desencadeamentos. No entanto, dúvidas também fazem parte do funcionamento psíquico da psicose e podem facilmente assumir características clínicas de sintomas obsessivos ou TOC. Perguntas do tipo *será que apaguei as luzes de meu quarto? Será que desliguei o gás da cozinha? Será que tranquei a porta ao sair de casa?* São comuns e representam dúvidas superficiais comuns em alguns casos em que se verifica o não desencadeamento da psicose. Nesses casos, é como se a certeza delirante nunca tivesse ocorrido ou estivesse em suspenso. Na literatura psicopatológica clássica, Eugenio Tanzi (1856-1934) e Joseph Capgras já identificavam a ocorrência da dúvida superficial em sujeitos psicóticos. Tanzi elaborou o conceito de *loucura dubitativa* e Capgras, o *delírio de suposição*. Precisamos ressaltar que a dúvida não se refere ao lugar do sujeito na existência, mas se concentra em uma dúvida real, não metafórica, sustentada por uma certeza angustiante. É o caso do sujeito, que interrompe várias vezes a rotina de suas tarefas de trabalho para ir ao banheiro e se certificar de que seu órgão genital está realmente preso a seu corpo, como se a ideia de um corpo não lhe fosse clara.

7.5.1.3 O *continuum* da estrutura cronológica e histórica

Na psicose, a infância é apresentada na forma de um *continuum*: indagado sobre a infância, o sujeito pode relatar que foi feliz ou triste, sem se reportar a mais nada, a nenhuma outra informação, sem apresentar detalhes. Na descrição feita pelo sujeito psicótico, a referência aos termos edipianos pode aparecer de forma mais frágil: os pais podem ser apresentados minimamente. Da mesma forma, os momentos dramáticos e/ou de transformação da vida estão quase ausentes: a fala do sujeito relata um acontecimento, depois outro acontecimento, quase que como se não houvesse momentos de descontinuidade. Leader (2013) menciona o exemplo de um homem que, ao receber um telefonema, com a notícia do trabalho de parto de sua mulher, parte para o hospital. Mas toma outro rumo, sem nunca mais voltar para rever sua mulher e o filho que nascera. Ao relatar esse destino dado à sua própria vida, o sujeito considera como mais um acontecimento cotidiano, ordinário, rotineiro, sem subjetivá-lo como um momento transformador, de ruptura entre dois momentos de vida. Esse é um efeito direto da foraclusão do Nome-do-Pai: o congelamento da metáfora e da metonímia reduz a cronologia e a história ao campo das significações pessoais.

7.5.1.4 Presença de momentos definidores que produzem uma distinção entre "antes e depois"

Um outro índice fundamental é a presença de certos marcadores temporais no relato do sujeito psicótico. São os momentos definidores e se referem não somente ao corpo como também a credos e ideias abstratas, cobrindo exatamente os efeitos de NP0 e Φ0. É importante observar que o sujeito interpreta e posiciona certos acontecimentos como marcadores de *um antes e um depois temporal* concedendo a esses acontecimentos o valor de âncora a partir da qual erguem sua história. Consideremos o seguinte exemplo (LEADER,2013, p. 91):

> Um homem descreveu que um dia decidiu casar-se com a primeira mulher que cruzasse a entrada da cantina no trabalho. Num outro exemplo, uma mulher descreveu o momento em que sua vida mudou: quando a mãe lhe deu um banho pela primeira vez. Ela soube, segundo disse, que aquilo era um sinal das intenções sádicas da mãe em relação a ela e do favorecimento de sua irmã, que não era solicitada a tomar banho.

O exemplo da citação revela como a eleição desses marcadores temporais, desses momentos definidores, vem acompanhada pela clareza: o sujeito explica quando uma ideia se tornou clara para ele. O que nos leva a assinalar que a estrutura psicótica não é uma estrutura que opera no déficit, mas na clareza quanto a um marcador temporal e sua capacidade de estabelecer na história do sujeito um *antes e um depois do acontecimento.*

7.5.1.5 Revelação

A revelação está intimamente associada aos marcadores temporais. Na revelação, uma resposta se impõe ao sujeito psicótico, antes que qualquer interrogação lhe seja direcionada. Leader (2013) cita a pesquisa de Henri Hécaen e Julian de Ajuriaguerra sobre ideias delirantes referentes a modificações corporais, contribuindo para o conhecimento mais aprofundado de fenômenos de Φ0 nas psicoses. Citarei dois breves estudos de caso de Hécaen e Ajuriaguerra, publicados por Leader (2013), que evidenciam a indissociabilidade entre e eleição de marcadores temporais e revelação.

O primeiro estudo de caso é o de um jovem que tudo havia se modificado de um minuto para outro, após sua primeira masturbação. Seu mundo foi, então, descrito em termos de um *antes e um depois do momento em que perdera todas as suas qualidades morais e físicas*. Relata, então, que sofrera uma modificação completa no corpo e na mente: seu cabelo, dentes, cor dos olhos haviam se modificado; seu corpo fora se deformando; sua cabeça mudara por completo e, apesar das pessoas não perceberem as mudanças, ele tinha a certeza de que estava se modificando; seus braços ficaram mais curtos, a pele soltara dos ossos: "Ele tentara desesperadamente reencontrar sua antiga imagem, olhando-se no espelho todas as noites, e ficava horrorizado ao ver que se parecia cada vez mais com seu pai!" (LEADER, 2013, p. 90).

O segundo estudo de caso é o de uma mulher que localizou uma modificação importante em sua vida quando compreendera como revelação que o bispo de Amiens era seu pai. Ela relata que no dia estava com sua mãe em uma missa, quando o bispo teria ficado completamente petrificado diante de sua mãe na igreja. Mais tarde, quando o bispo fora vítima de homicídio, ela concluíra que seus pais eram os culpados pela morte do bispo:

> [...] passados cerca de trinta anos ela viria a matar o pai verdadeiro a tiros, por ele a haver lesado, tirando-lhe a herança do bispo. Ao lhe perguntarem por que havia atirado no pai, ela respondeu que sua intenção não fora matar, mas simplesmente garantir que houvesse um inquérito apropriado (LEADER, 2013, p. 91).

7.5.1.6 Xenopatia

Estudamos anteriormente como o caráter xenopático e intrusivo do significante é central na eclosão dos fenômenos elementares no desencadeamento. No entanto, como reconhecer a xenopatia da linguagem em casos em que não há evidência de desencadeamento? Uma indicação importante é investigar a forma como o sujeito se posiciona frente à sua própria passividade quando relata um acontecimento ao psicólogo: há uma diferença importante entre relatar um acontecimento em que o sujeito sempre se vê em situações em que é obrigado a ceder, a concordar ou a obedecer alguém, ainda que esteja em conflito com essa atitude, ainda que interrogue por que sempre age dessa forma, ressentindo-se por ser assim, e relatar um acontecimento em que simplesmente obedece, cede ou concorda com alguém sem que isso retorne sobre o sujeito como um conflito, como vergonha ou ira, como interrogação ou protesto. Reconhecer essa diferença entre duas posições subjetivas frente a uma situação social de obedecer a ordens, concordar com opiniões, é fundamental no diagnóstico de quadros clínicos de psicose não desencadeada; reconhecer como na psicose podemos estar diante de um sujeito que simplesmente cede, concorda ou se coloca como obediente é fundamental para que não confundamos com algum tipo de conformismo social e cometamos o erro de induzir o sujeito a responder. Essa indução pode levá-lo a desenvolver teorias conspiratórias em relação a pessoas conforme veremos mais adiante ao abordarmos a ironia. Na verdade, o sujeito não é um conformista, mas está sob o efeito da intrusão do significante devido à foraclusão do Nome-do-Pai. Essa permeabilidade à linguagem é especialmente encontrada na esquizofrenia.

7.5.1.7 Ironia

A presença da ironia na psicose revela um grau elevado de compreensão, por parte do sujeito, dos jogos de linguagem que são empregados na vida cotidiana e do caráter arbitrário do significante. Nesse sentido, quando se afirma que o sujeito psicótico está fora do discurso, isso quer dizer que ele se distancia desses jogos de linguagem, que ele denuncia a arbitrariedade do significante. Leader (2013) recorda o atentado cometido por Jared Lee Loughner em janeiro de 2011, contra a deputada Gabrielle Giffords. Em 2008, Loughner se matriculara em uma faculdade comunitária e comparecera a um dos encontros de Giffords com o eleitorado. Endereçou a ela a seguinte pergunta por escrito: "O que é o governo, se as palavras não têm sentido?". Giffords não respondeu, e isso gerou uma tensão persecutória sobre o sujeito, cuja fórmula seria mais ou menos esta: se a linguagem não se baseia em nada, como alguém poderia reivindicar uma autoridade legítima? Sua obsessão com teorias conspiratórias advinha dessa tensão, em que denunciava o governo, o limite do estado sobre o indivíduo como abuso de poder.

7.5.1.8 Localização atípica da pulsão (invasão pulsional ou de gozo)

Estudamos como a localização atípica da pulsão era muito evidente nos fenômenos elementares de automatismo corporal. Estudamos como eles aparecem na psicose desencadeada. E tomando como referência o fato de tais fenômenos serem xenopáticos, ou seja, estarem relacionados à invasão direta do significante, reconhecemos como esses fenômenos trazem a marca da externalidade como se atingissem o sujeito de fora para dentro, como se viessem de fora. Nas formas não desencadeadas de psicose, o sujeito pode dar o testemunho discreto de uma experiência de êxtase ou arrebatamento que invade o sujeito. Essa experiência pode estar relacionada a uma inspiração ou uma revelação.

***

O livro pretendeu mostrar como a pesquisa etiológica em psicanálise não pode prescindir de uma especial atenção, focada na forma como cada sujeito recorre à linguagem, como cada sujeito ao trazer relatos sobre sua vida, sobre as pessoas ao seu redor, sobre sua rotina de trabalho e estudo, sobre seus afetos, nos informa a respeito da forma como o significante se inscreveu em seu psiquismo, como o significante atua sobre o organismo conformando-o como um eu. Ainda que não estejamos formando, aqui um futuro psicanalista, o conteúdo apresentado pode ser utilizado por psicólogos de distintas orientações terapêuticas, para o reconhecimento da forma específica como se dá a relação com o significante na psicose.

Entender que a psicanálise pode auxiliar na formação do estudante de psicologia para a clínica, para a atenção psicossocial, não significa abandonar outra orientação teórica e/ou terapêutica. O conhecimento dos fenômenos elementares, da conjuntura de desencadeamento, e mesmo do processo de foraclusão, pode acrescentar à formação do estudante a competência de reconhecer a estrutura psicótica e trabalhar clinicamente no sentido de mantê-la estabilizada, sem o recurso de medicações antipsicóticas que atravessem toda a vida do sujeito. Não estamos fazendo, aqui, uma crítica à medicação, mas àquilo que vimos ao longo do capítulo sobre a paixão pelo transtorno: a redução da direção de tratamento da psicose à eficácia de uma medicação. Reconhecer as características, as manifestações clínicas da psicose, reconhecer como o sujeito se estabiliza protegendo-se do desencadeamento é fundamental para que possamos, seja no equipamento de saúde mental, seja na clínica individual, proporcionar qualidade de vida e um espaço seguro ao sujeito sem condená-lo a tratamentos tão invasivos quanto a própria invasão pelos fenômenos elementares.

REFERÊNCIAS

ÁLVAREZ, J. M.; ESTÉBAN, R.; SAUVAGNAT, F. *Fundamentos de Psicopatología Psicoanalítica*. Madrid: Síntesis, 2009.

ANDERSON, M. C. *et al*. Neural systems underlying the suppression of unwanted memories. *Science,* New York, v. 303, n. 5655, p. 232-235, 2004.

BASTOS, C. L. *Manual do Exame Psíquico*: uma introdução prática à psicopatologia. Rio de Janeiro: Revinter, 2000.

BERGERET J. Les états limites et leurs aménagements. *Abrégé de psychologie pathologique*. Paris: Masson, 1972.

BORIE, J. *Réseau International d'instituitions infantiles (RI 3), Champ freudien* – Traitements sur la durée – Logique du temps en instituition. Bruxelles: Dumortier, 2003.

BOORSE, C. Health as a Theoretical Concept. *Philosophy of Science*, v. 44, n. 4, p. 542-573, 1977. Disponível em: https://www.jstor.org/stable/186939. Acesso em: 22 mar. 2020.

BOUCHERAT-HUE, V. Le « péripsychotique » dans les cliniques interstitielles de l'excitation et de l'inhibition somatopsychiques. *Journal of Psychoanalytic Studies*, [En ligne], n. 13, p. 31-42, 2012. Disponível em: https://www.cairn.info/revue-recherches-en-psychanalyse1-2012-1-page-31.htm. Acesso em: 22 mar. 2020.

BRASIL. Ministério da Saúde. Fiocruz. *Saúde mental e Atenção psicossocial na Pandemia covid-19*: Recomendações Gerais. Brasília: Fiocruz, 2020.

BRIERE, J.; SPINAZZOLA, J. Phenomenology and Psychological Assessment of Complex Posttraumatic States. *Journal of Traumatic Stress*, v. 18, n. 5, p. 401-412, 2005.

CAMPOS, G. W. S. Produção de conhecimento, avaliação de políticas públicas em saúde mental: notas reflexivas. *In*: CAMPOS, R. O.; FURTADO, J. P.; PASSOS, E.; BENEVIDES, R. *Pesquisa avaliativa em saúde mental*: desenho participativo e efeitos da narratividade. São Paulo: Aderaldo & Rothschild, 2008. p. 97-102.

CAPONI, S. A hereditariedade mórbida: de Kraepelin aos neokraepelinianos. *Physis*, Rio de Janeiro, v. 21, n. 3, 2011.

CLÉRAMBAULT, G. Sobre un "mecanismo automático" radical de ciertos delirios interpretativos: la pseudoconstatación espontánea incoercible. [*S. l.* : *s. n.*], 1933.

CLÉRAMBAULT, G. (1920). Automatismo Mental e Cisão do Eu. *In*: HARARI, A. *Clínica Lacaniana da Psicose*. Rio de Janeiro: Livraria ContraCapa, 2006.

CLÉRAMBAULT, G. Definição de Automatismo Mental. *In*: CZERMAK, M.; JESUÍNO, A. *Fenômenos Elementares e Automatismo Mental*. Rio de Janeiro: Tempo Freudiano, 2009. p. 217-220.

CLOITRE, M. *et al*. Distinguishing PTSD, Complex PTSD, and borderline personality disorder: A latent class analysis. *European Journal of Psychotraumatology*, v. 5, 2014. Disponível em: http://dx.doi.org/10.3402/ejpt.v5.25097. Acesso em: 2 abr. 2021.

CONRAD, K. *La esquizofrenia incipiente*. Historia de la Psiquiatría. Espanha: Editorial Triacastela, 1997.

COOPER, R. *Psychiatry and Philosophy of Science*. Montreal: McGill-Queen's University Press, 2007.

COSTA PEREIRA, M. E. Griesinger e as bases da "Primeira Psiquiatria biológica". *Revista Latinoamericana de Psicopatologia Fundamental*, v. 10, n. 4, p. 685-691, 2007. Disponível em: https://doi.org/10.1590/S1415-47142007000400010. Acesso em: 15 abr. 2020.

COTARD, J. Do delírio de negação. *Revista Lationamericana de Psicopatologia Fundamental*, São Paulo, v. 1, n. 4, p. 156-177, 1998.

DEPUE, B. E. *et al*. Prefrontal regions orchestrate suppression of emotional memories via a two-phase process. *Science*, New York, v. 317, n. 5835, p. 215-219, 2007.

DESCARTES, R. *Discurso do Método*. São Paulo: Abril, 1987. Os Pensadores.

DOUFIK, O.; BOURAOUA, L.; MOUHADI. Les accès psychotiques aigus liés à la pandémie COVID-19. *Annales Médico-Psychologiques*. v. 180, n. 5, p. 410-411, 2021. Disponível em: https://doi.org/10.1016/j.amp.2021.03.008. Acesso em: 15 out. 2021.

ELIA, L.; Galvão, M. S. Estratégias de Desconstrução da Instituição Fechada e Produção de Subjetividade. *In*: CASTRO, N.; DELGADO, P. G. (org.). *De Volta à Cidadania*: políticas públicas para crianças e adolescentes. Rio de Janeiro: Instituto Franco Basaglia, 2000.

EMERICH, B. F.; CAMPOS, R. O.; PASSOS, E. Rights within madness: what psychosocial care center users and managers say. *Interface (Botucatu)*, v. 8, n. 5, p.

685-696, 2014. Disponível em: https://scielosp.org/pdf/icse/2014.v18n51/685-696/pt. Acesso em: 15 abr. 2020.

ESSALI N.; MILLER, B. J. Psychosis as an adverse effect of antibiotics. *Brain Behaviour Immun Health*, v. 19, n. 9, 100148, 2020. Disponível em: https://www.ncbi.nlm.nih.gov/pmc/articles/PMC8474525/. Acesso em: 30 jan. 2023.

FEIGHNER, J. P. *et al.* Diagnostic criteria for use in psychiatric research. *Archives of General Psychiatry*, v. 26, n. 1, p. 57-63, 1972. DOI: https://doi.org/10.1001/archpsyc.1972.01750190059011

FIRTH, J.; COTTER, J.; ELLIOTT, R.; YUNG, A. A systematic review and meta-analysis of exercise interventions in schizophrenia patients. *Psychological Medicine*, v. 45, n. 7, p. 1-19, 2015. Disponível em: https://www.cambridge.org/core/journals/psychological-medicine/article/abs/systematic-review-and-metaanalysis-of-exercise-interventions-in-schizophrenia-patients/1D5AAF2D1AEFE372541153F0D-0DD37A3. Acesso em: 25 fev. 2023.

FOUCAULT, M. *A História da Loucura na Época Clássica*. São Paulo: Perspectiva, 1972.

FOUCAULT, M. *As Palavras e as Coisas*. São Paulo: Martins Fontes, 1986.

FOUCAULT, M. A Evolução da Noção de "Indivíduo Perigoso" na Psiquiatria Legal no Século XIX (1978). *In*: FOUCAULT, M. *Ditos e Escritos*: ética, sexualidade, política. Rio de Janeiro: Forense Universitária, 2012.

FREUD, S. Relatório sobre meus estudos em Paris e Berlim (1886). *In*: FREUD, S. *Obras Completas de Sigmund Freud*. Rio de Janeiro: Imago, 1987a. v. 1. p. 35-52.

FREUD, S. Observações de um caso grave de hemianestesia em um homem histérico (1886). *In*: FREUD, S. *Obras Completas de Sigmund Freud*. Rio de Janeiro: Imago, 1987b. v. 1. p. 59-70.

FREUD, S. Esboços para a "Comunicação Preliminar" (1893). *In*: FREUD, S. *Obras Completas de Sigmund Freud*. Rio de Janeiro: Imago, 1987c. v. 1. p. 208-222.

FREUD, S.; BREUER, J. Estudos sobre Histeria (1893-1895). *In*: FREUD, S. *Obras Completas de Sigmund Freud*. Rio de Janeiro: Imago, 1987d. v. 2.

FREUD, S. As Neuropsicoses de Defesa (1894). *In*: FREUD, S. *Obras Completas de Sigmund Freud*. Rio de Janeiro: Imago, 1987e. v. 3. p. 57-88.

FREUD, S. Projeto para uma Psicologia Científica (1950[1895]). *In*: FREUD, S. *Obras Completas de Sigmund Freud*. Rio de Janeiro: Imago, 1987f. v. 1. p. 381-522.

FREUD, S. Carta 52 (1896). *In*: FREUD, S. *Obras Completas de Sigmund Freud*. Rio de Janeiro: Imago, 1987g. v. 1. p. 260.

FREUD, S. Carta 130 (1896). *In*: FREUD, S. *Obras Completas de Sigmund Freud*. Rio de Janeiro: Imago, 1987h. v. 1. p. 380.

FREUD, S. A Hereditariedade na Etiologia das Neuroses (1896). *In*: FREUD, S. *Obras Completas de Sigmund Freud*. Rio de Janeiro: Imago, 1987i. v. 2.

FREUD, S. A Interpretação dos Sonhos (1900). *In*: FREUD, S. *Obras Completas de Sigmund Freud*. Rio de Janeiro: Imago, 1987. v. 5-6.

FREUD, S. Fantasias Histéricas e sua Relação com a Bissexualidade (1908). *In*: FREUD, S. *Obras Completas de Sigmund Freud*. Rio de Janeiro: Imago, 1987j. v. 9. p. 163-174.

FREUD, S. Moral Sexual "Civilizada" e Doença Nervosa Moderna (1908). *In*: FREUD, S. *Obras Completas de Sigmund Freud*. Rio de Janeiro: Imago, 1987k. v. 9. p. 187-212.

FREUD, S. Algumas Observações Gerais sobre Ataques Histéricos (1909[1908]). *In*: FREUD, S. *Obras Completas de Sigmund Freud*. Rio de Janeiro: Imago, 1987. v. 9. p. 233-242.

FREUD, S. Notas psicanalíticas sobre um relato autobiográfico de um caso de paranoia [dementia paranoides] (1911). *In*: FREUD, S. *Obras Completas de Sigmund Freud*. Rio de Janeiro: Imago, 1987. v. 12. p. 23-110.

FREUD, S. Nota sobre o Inconsciente na Psicanálise (1912). *In*: FREUD, S. *Obras Completas de Sigmund Freud*. Rio de Janeiro: Imago, 1987l. v. 12. p. 327-338.

FREUD, S. Totem e Tabu (1912). *In*: FREUD, S. *Obras Completas de Sigmund Freud*. Rio de Janeiro: Imago, 1987m. v. 13. p. 17-198.

FREUD, S. Sobre o início do tratamento (1913). *In*: FREUD, S. *Obras Completas de Sigmund Freud*. Rio de Janeiro: Imago, 1987. v. 12. p. 164-192.

FREUD, S. Sobre o Narcisismo: uma Introdução (1914). *In*: FREUD, S. *Obras Completas de Sigmund Freud*. Rio de Janeiro: Imago, 1987n. v. 14. p. 89-121.

FREUD, S. O Moisés de Michelangelo (1914). *In*: FREUD, S. *Obras Completas de Sigmund Freud*. Rio de Janeiro: Imago, 1987o. v. 18.

FREUD, S. As Pulsões e suas Vicissitudes (1915). *In*: FREUD, S. *Obras Completas de Sigmund Freud*. Rio de Janeiro: Imago, 1987p. v. 14. p. 137-168.

FREUD, S. O Recalcamento. *In*: FREUD, S. *Obras Completas de Sigmund Freud*. Rio de Janeiro: Imago, 1987q. v. 14. p. 169-190.

FREUD, S. O Inconsciente (1915). *In*: FREUD, S. *Obras Completas de Sigmund Freud*. Rio de Janeiro: Imago, 1987r. v. 14. p. 191-238.

FREUD, S. Um caso de paranóia que contraria a teoria psicanalítica da doença (1915). *In*: FREUD, S. *Obras Completas de Sigmund Freud*. Rio de Janeiro: Imago, 1987s. v. 14. p. 297-310.

FREUD, S. Reflexões sobre os Tempos de Guerra e Morte (1915). *In*: FREUD, S. *Obras Completas de Sigmund Freud*. Rio de Janeiro: Imago, 1987t. v. 14. p. 311-344.

FREUD, S. Sobre a Transitoriedade (1916[1915]). *In*: FREUD, S. *Obras Completas de Sigmund Freud*. Rio de Janeiro: Imago, 1987u. v. 14. p. 345-350.

FREUD, S. Luto e Melancolia (1917). *In*: FREUD, S. *Obras Completas de Sigmund Freud*. Rio de Janeiro: Imago, 1987v. v. 14. p. 275.292.

FREUD, S. Uma Dificuldade da Psicanálise (1917). *In*: FREUD, S. *História de uma Neurose Infantil* ("O Homem dos Lobos), Além do Princípio de Prazer e Outros Textos, São Paulo: Companhia das Letras, 2010. v. 14. p. 240-250.

FREUD, S. Linhas de Progresso da Técnica Psicanalítica (1919[1918]). *In*: FREUD, S. *Obras Completas de Sigmund Freud*. Rio de Janeiro: Imago, 1987. v. 17. p. 201-216.

FREUD, S. O estranho (1919). *In*: FREUD, S. *Obras Completas de Sigmund Freud*. Rio de Janeiro: Imago, 1987. v. 17. p. 275-314.

FREUD, S. Além do Princípio de Prazer (1920). *In*: FREUD, S. *Obras Completas de Sigmund Freud*. Rio de Janeiro: Imago, 1987. v. 18. p. 17-90.

FREUD, S. Psicologia das Massas e Análise do Eu (1921). *In*: FREUD, S. *Obras Completas de Sigmund Freud*. Rio de Janeiro: Imago, 1987. v. 17. p. 91-184.

FREUD, S. Neurose e psicose (1923). *In*: FREUD, S. *Obras Completas de Sigmund Freud*. Rio de Janeiro: Imago, 1987. v. 19. p. 189-198.

FREUD, S. A perda da realidade na neurose e na psicose (1924). *In*: FREUD, S. *Obras Completas de Sigmund Freud*. Rio de Janeiro: Imago, 1987. v. 19. p. 229-138.

FREUD, S. A Negativa (1925). *In*: FREUD, S. *Obras Completas de Sigmund Freud*. Rio de Janeiro: Imago, 1987. v. 20. p. 293-300.

FREUD, S. Um estudo autobiográfico (1925[1924]) *In*: FREUD, S. *Um estudo autobiográfico, Inibições, Sintomas e Ansiedade, A questão da Análise Leiga e outros trabalhos*. (1925-1926). [*s. d.*] v. 20. Disponível em: https://www.valas.fr/IMG/pdf/Freud_portigais_C_20-23.pdf. Acesso em: 10 maio 2022.

FREUD, S. Inibição, Sintoma e Angústia (1926[1925]). *In*: FREUD, S. *Obras Completas de Sigmund Freud*. Rio de Janeiro: Imago, 1987. v. 20. p. 107-210.

FREUD, S. Mal-estar na Civilização (1930[1929]). *In*: FREUD, S. *Obras Completas de Sigmund Freud*. Rio de Janeiro: Imago, 1987. v. 21. p. 81-178.

FREUD, S. Novas Conferências Introdutórias sobre Psicanálise (1933[1932]). Conferência XXXIV – Explicações Aplicações e Orientações. *In*: FREUD, S. *Obras Completas de Sigmund Freud*. Rio de Janeiro: Imago, 1987. v. 22. p. 15-226.

FREUD, S. Moisés e o Monoteísmo (1938). *In*: FREUD, S. *Obras Completas de Sigmund Freud*. Rio de Janeiro: Imago, 1987. v. 23. p. 192; p. 16-246.

FUSAR-POLI, P. *et al*. Deconstructing vulnerability for psychosis: Meta-analysis of environmental risk factors for psychosis in subjects at ultra high-risk. *European Psychiatry*, n. 40, p. 65-75, 2017. Disponível em: https://pubmed.ncbi.nlm.nih.gov/27992836/. Acesso em: 21 fev. 2023.

GAILLARD, R. *et al*. Converging intracranial markers of conscious access. *PLoS Biology*, v. 7, n. 3, e61, 2009. Disponível em: https://doi.org/10.1371/journal.pbio.1000061v. 7. Acesso em: 21 fev. 2023.

GRÜNBAUM, A. The Placebo Concept in Medicine and Psychiatry. *Psychological Medicine*, 16, p. 19-38, 1986. Disponível em: https://pubmed.ncbi.nlm.nih.gov/3515378/. Acesso em: 10 jun. 2020.

GUIMARÃES, L. Como formalizar um caso clínico? *Asephallus, revista eletrônica do Núcleo Sephora*, v. 3, n. 6, p. 73-82, maio/out. 2008. Acesso em: 10 jun. 2022.

GUTERREZ, A. ONU: serviços de saúde mental devem ser parte essencial de respostas ao coronavírus. *Nações Unidas Brasil*, maio 2020. Disponível em: https://nacoesunidas.org/onu-servicos-de-saude-mental-devem-ser-parte-essencial-de--respostas-ao-coronavirus/. Acesso em: 10 jun. 2022.

HACKING, I. *The Social Construction of What?* Cambridge: Harvard University Press, 1999.

HEMPEL, C. G. *Aspects of Scientific Explanation and Other Essays in the Philosophy of Science*. New York: The Free Press, 1965.

HENSCHEL DE LIMA, C. *Koyré com Lacan*: a Psicanálise como ciência do sujeito. 1999. 150 f. Tese. (Doutorado em Psicologia) — Programa de Pós-Graduação em Psicologia, Universidade Federal do Rio de Janeiro, Rio de Janeiro, 1999.

HENSCHEL DE LIMA, C. História psicossocial das emergências humanitárias: uma sistematização da resposta brasileira ao impacto da COVID-19 na saúde da população. *Research, Society and Development*, v. 10, n. 4, 2021. Disponível em: https://doi.org/10.33448/rsd-v10i8.17275. Acesso em: 3 jan. 2023.

HENSCHEL DE LIMA, C.; PEDROSA LOPES, A. F. A elaboração conceitual da teoria freudiana do desencadeamento e estabilização. *Revista Subjetividades*, v. 19, n. 3, p. 1-11, dez. 2019. Disponível em: http://dx.doi.org/10.5020/23590777. rs.v19i3.e7370. Acesso em: 3 jan. 2023.

HENSCHEL DE LIMA, C.; SCARDELATO DALLAMARTA, R.; SILVA CUNHA, J.; CAVALCANTI DOS SANTOS MENDONÇA SAMPAIO, T.; COSTA SANTOS, A. J. Pandemia de COVID-19 e desencadeamento da psicose. *Psicologia e Saúde em debate*, v. 9, n. 2, p -67-88, jul. 2023. DOI: 10.22289/2446-922X.V9N2A4. Disponível em: http://psicodebate.dpgpsifpm.com.br/index.php/periodico/article/view/67-88. Acesso em: 2 out. 2023.

HUBBERMAN, G. *Invention of Histerie*: Charcot and the Photographic Iconografy of the Salpétrière. MIT, 2003.

HUARCAYA-VICTORIA, J.; HERRERA, D.; CASTILLO, C. Psychosis in a patient with anxiety related to COVID-19: A case report. *Psychiatry Research.*, 2020. Disponível em: https://www.ncbi.nlm.nih.gov/pmc/articles/PMC7203023/pdf/main. pd. Acesso em: 3 jan. 2023.

INSEL, T. Transforming Diagnosis. *National Institute of Mental Health*, apr. 29, 2013. Disponível em https://www.nimh.nih.gov. Acesso em: 8 ago. 2021.

JASPERS, K. *Psicopatologia Geral*. São Paulo: Atheneu, 2000.

KERNBERG, O. Borderline personality organization. *Journal of the American Psychoanalytic Association*, v. 15, n. 3, p. 641-685, 1967. Disponível em: https://doi. org/10.1177/000306516701500309. Acesso em: 23 mar. 2022.

KERNBERG, O. *Borderline Conditions and Pathological Narcissism*. USA: Rowrnan & Littlefield Publishers, Inc, 1992.

KRAEPELIN, E. As formas de manifestação da insanidade. *Revista Latinoamericana de Psicopatologia Fundamental*, São Paulo, v. 12, n. 1, p. 167-194, mar. 2009.

LACAN, J. *O Seminário. Livro 2. O Eu na Teoria e na Técnica da psicanálise* (1955). Rio de Janeiro: Jorge Zahar, 1985a.

LACAN, J. *O Seminário. Livro 3: As psicoses* (1955-1956). Rio de Janeiro: Jorge Zahar, 1985b.

LACAN, J. *O Seminário.* Livro 20. Mais Ainda. (1972-1973). Rio de janeiro: Jorge Zahar, 1985c.

LACAN, J. *Da psicose paranóica em suas relações com a personalidade.* Rio de Janeiro: Forense-Universitária, 1987.

LACAN, J. *O Seminário, Livro 1: Os Escritos Técnicos de Freud* (1953-1954). Rio de Janeiro: Jorge Zahar, 1996.

LACAN, J. O estádio do espelho como formador da função do eu. *In*: LACAN, J. *Escritos.* Rio de Janeiro: Jorge Zahar, 1998a.

LACAN, J. Formulações sobre a Causalidade Psíquica (1946). *In*: LACAN, J. *Escritos.* Rio de Janeiro: Jorge Zahar, 1998b.

LACAN, J. Função e Campo da Fala e da Linguagem. *In*: LACAN, J. *Escritos.* Rio de Janeiro: Jorge Zahar, 1998c.

LACAN, J. O seminário sobre "A carta roubada". (1956). *In*: LACAN, J. *Escritos.* Rio de Janeiro: Jorge Zahar, 1998d.

LACAN, J. A Instância da Letra no Inconsciente ou a Razão desde Freud (1957). *In*: LACAN, J. *Escritos.* Rio de Janeiro: Jorge Zahar, 1998e.

LACAN, J. A Direção de Tratamento e os Princípios de seu Poder (1958). *In*: LACAN, J. *Escritos.* Rio de Janeiro: Jorge Zahar, 1998f.

LACAN, J. Complexos Familiares (1938). *In*: LACAN, J. *Outros Escritos.* Rio de Janeiro: Jorge Zahar, 2003a.

LACAN, J. A Psiquiatria inglesa e a Guerra. *In*: LACAN, J. *Outros Escritos.* Rio de Janeiro: Jorge Zahar, 2003b.

LACAN, J. *O Seminário.* Livro 23. O Sinthoma. (1975-1976). Rio de Janeiro: Jorge Zahar, 2007.

LAI J. *et al.* Factors Associated With Mental Health Outcomes Among Health Care Workers Exposed to Coronavirus Disease 2019. JAMA New Open, v. 3, n. 3, e203976, 2020. DOI:10.1001/jamanetworkopen.2020.3976. Disponível em: https://jamanetwork.com/journals/jamanetworkopen/fullarticle/2763229. Acesso em: 5 ago. 2020.

LAUDAN, L. *Mind and Medicine:* Problems of Explanation and Evaluation in Psychiatry and the Biomedical Sciences. Berkeley: University of California Press, 1983.

LEADER, D. *O que é loucura?* Delírio e sanidade na vida cotidiana. Rio de Janeiro: Zahar, 2013.

LORENZ, K. *The natural science of the human species: An introduction to comparative behavioral research. [The "Russian manuscript"].* Cambridge, Massachusetts: MIT Press, 1948.

MACHADO, R.; LOUREIRO, A.; LUZ, R.; MURICY, K. *Danação da norma:* a medicina social e constituição da Psiquiatria no Brasil. Rio de Janeiro: Graal, 1978.

MACKLIN, R. Mental Health and Mental Illness: Some Problems of Definition and Concept Formation. *Philosophy of Science,* v. 39, n. 3, p. 341–65, 1972. Disponível em: https://philpapers.org/rec/MACMHA. Acesso em: 5 abr. 2020.

MAHLER-WERFEL, A. *Erinnerungen an Gustav Mahler.* Frankfurt: Ulistein Verlag, 1978.

MALEVAL, J. C. Identificaciones imaginarias y estructura psicótica no desencadenada. *Revista da Associación Espanõla de Neuropsiquiatría,* v. 16, n. 60, p. 629-646, 1996. Disponível em: www.revistaaen.es/index.php/aen/article/viewFile/15508/15368. Acesso em: 10 jun. 2022.

MALEVAL, J. C. *Logica del Delirio.* Espanha: Ediciones del Serbal, 1998.

MALEVAL, J. C. *Repères pour la Psychose Ordinaire.* Paris: Navarin, 2019.

MARINHO, N. C. *Razão e Psicanálise "O Caso Schreber (FREUD, 1911)", revisitado a partir das contribuições de Marcia Cavell e Ludwig Wittgenstein.* 2006. 283 f. Tese (Doutorado em Filosofia) — Departamento de Filosofia PUC, Rio de Janeiro, 2006.

MEEHL, P. E. Theoretical Risks and Tabular Asterisks: Sir Karl, Sir Ronald, and the Slow Progress of Soft Psychology. *Journal of Consulting and Clinical Psychology,* v. 46, n. 4, p. 806-834, 1978. Disponível em: https://psycnet.apa.org/record/1979-25042-001. Acesso em: 10 abr. 2020.

MILLER, J.-A. S'truc dure. *In*: MILLER, J.-A *Matemas II*. Buenos Aires: Manantial, 1990.

MILLER, J.-A. *et al. Los inclasificables de la clínica psicoanalítica*. Buenos Aires: Paidós, 2008.

MILLER, J.-A. *et al. La psicosis ordinaria*: la convención de Antibes. Buenos Aires: Paidós, 2011.

MINISTÉRIO DA SAÚDE. Fiocruz. *Demanda em Saúde Mental*: uma proposta de Classificação de Risco em Saúde Mental. Fiocruz, 2022.

MOCCIA, L. *et al.* COVID-19 and New-Onset Psychosis: A Comprehensive Review. Journal of Personalized Medicine, v. 13, n. 1, p. 104, 2023. Disponível em: https://www.mdpi.com/2075-4426/13/1/104. Acesso em: 12 fev. 2023

MORRIS, C. Philosophy, Psychiatry, Mental Illness and Health. *Philosophy and Phenomenological Research*, v. 20, n. 1, p. 47-55, 1959. Disponível em: https://www.jstor.org/stable/2104953. Acesso em: 12 maio 2020.

MURPHY, D. *Psychiatry in the Scientific Image*. Cambridge: MIT Press, 2006.

ORGANIZAÇÃO MUNDIAL DA SAÚDE. *Guia de Intervenção Humanitária (GIH-mhGAP)*: manejo clínico de condições mentais, neurológicas e por uso de substâncias em emergências humanitárias. Organização Mundial da Saúde, 2015.

ORGANIZACIÓN MUNDIAL DE LA SALUD. Organización Panamericana de la Salud. *La carga de los trastornos mentales en la Región de las Américas*. Washington – DC, 2018. Disponível em: https://iris.paho.org/bitstream/handle/10665.2/49578/9789275320280_spa.pdf?sequence=9&isAllowed=y. Acesso em: 10 jul. 2022.

ORGANIZAÇÃO PANAMERICANA DE SAÚDE. *Guia de Intervenção Humanitária (GIH-mhGAP)*: Manejo Clínico de Condições Mentais, Neurológicas e por Uso de Substâncias em Emergências Humanitárias. OPAS, 2020. Disponível em: https://iris.paho.org/bitstream/handle/10665.2/51948/9789275722121-por.pdf?sequence=1&isAllowed=y. Acesso em: 10 jul. 2022.

PARK, M.; THWAITES, R. S.; OPENSHAW, P. COVID-19: Lessons from SARS and MERS. *European Journal of Immunology*, v. 50, n. 3, p. 308-316, 2020. Disponível em: https://onlinelibrary.wiley.com/doi/epdf/10.1002/eji.202070035. Acesso em: 10 jul. 2022.

PEREIRA, M. E. C. Cullen e a introdução do termo neurose na medicina. *Revista Latinoamericana de Psicopatologia Fundamental*, São Paulo, v. 13, n. 1, mar. 2010. Disponível em: http://www.scielo.br/scielo.php?script=sci_arttext&pid=S1415-47142010000100009. Acesso em: 10 jul. 2022.

PINEL, P. Tratado Médico-filosófico sobre a alienação mental e a mania (1801). *Revista Latinoamericana de Psicopatologia Fundamental*, v. 7, n. 3, p. 117-127, 2004. Disponível em: https://doi.org/10.1590/1415-47142004003012. Acesso em: 10 jul. 2022.

PINEL, P. *Tratado Médico-Filosófico sobre a Alienação Mental ou a Mania.* Porto Alegre: UFRGS, 2007.

POSTEL, J.; QUETEL, C. *Nouvelle Histoire de la Psychiatrie.* Paris: Dunod, 1994.

RECALCATI, M. *Clínica del vacío, anorexias, dependencias, psicosis.* Buenos Aires: Manancial, 2003.

RENTERO, D. *et al.* New-onset psychosis in COVID-19 pandemic: a case series in Madrid. *Psychiatry Research*, n. 290, 113097, 2020. Disponível em: https://doi.org/10.1016/j.psychres.2020.113097. Acesso em: 29 set. 2022.

RIBEIRO, S. Tempo de cérebro. *Estudos Avançados*, [S. l.], v. 27, n. 77, p. 7-22, 2013. Disponível em: https://www.revistas.usp.br/eav/article/view/53949. Acesso em: 29 set. 2022.

RIEFF, P. *Freud*: la mente de un moralista. Buenos Aires: Paidós, 1966.

RIPOLL, S.; WILKINSON, A. *Social Science in Epidemics*: Influenza and SARS Lessons Learned, SSHAP Lessons Learned Issue 3. Unicef, IDS & Anthrologica, 2019.

ROSE, N. *Si mesmos neuro-químicos.* A Política da própria vida: Biomedicina, poder e subjetividade no século XXI. São Paulo: Paulus Ed., 2013.

ROUDINESCO, E. *A Parte Obscura de Nós Mesmos:* uma história dos perversos. Rio de Janeiro: Zahar, 2008.

SAUSSURE, F. *Curso de Linguística Geral.* São Paulo: Cultrix, 1972.

SCHAFFNER, K. F. 'Clinical and Etiological Psychiatric Diagnoses: Do Causes Count?'. *In*: SADLER, J. Z. (ed.). *Descriptions and Prescriptions*: Values, Mental Disorders, and the DSMs, Baltimore: Johns Hopkins University Press, p. 271-290, 2002.

SCHMID *et al.* Developmental trauma disorder: pros and cons of including formal criteria in the psychiatric diagnostic systems. *BMC Psychiatry*, v. 13, n. 3, 2013. Disponível em: https://doi. org/10.1186/1471-244X-13-3. Acesso em: 10 jul. 2022.

SCHREBER, D. P. *Memória de um doente dos nervos.* São Paulo: Paz e Terra, 1984.

SEARLE, J. *O mistério da consciência.* São Paulo: Paz e Terra, 1998.

STEVENS, A. *L'effort pour traduire un regard.* La Psychose au Quotidien. Paris: Institut du Champ Freudien, 2005. p. 50-58.

SZASZ, T. S. Men and Machines. *The British Journal for the Philosophy of Science*, n. 8, p. 310-317, 1958. Disponível em: http://ftp.math.utah.edu/pub/tex/bib/toc/bjps.html#VIII(32):February:1958. Acesso em: 5 maio 2020.

TAVARES LIMA *et al,* The emotional impact of Coronavirus 2019-nCoV (new Coronavirus disease). *Psychiatry Research*, v. 287, 2020. Disponível em: https://doi.org/10.1016/j.psychres.2020.112915. Acesso em: 10 jul. 2022.

THACKUR, V.; JAIN, A. *COVID 2019* – suicides: a global psychological pandemic. Brain, Behavior, and Immunity. 2020. Disponível em: https://doi.org/10.1016/j.bbi.2020.04.062. Acesso em: 23 abr. 2020.

THAGARD, P. Mental Illness from the Perspective of Theoretical Neuroscience. *Perspectives on Biology and Medicine*, v. 51, n. 3, p. 335-352, 2008. Disponível em: https://pubmed.ncbi.nlm.nih.gov/18723939/. Acesso em: 23 abr. 2020.

UNITED NATIONS. *United Nations Policy Brief:* COVID-19 and the need for action on mental health. UN, 13 May 2020. Disponível em: https://unsdg.un.org/sites/default/files/2020-05/UN-Policy-Brief-COVID-19-and-mental-health.pdf. Acesso em: 10 jun. 2020.

VALDÉS-FLORIDO, M. J.; LÓPEZ-DÍAZ, A.; PALERMO-ZEBALLOS, F. J. *et al.* Reactive psychoses in the context of the COVID-19 pandemic: clinical perspectives from a case series. *Revista de Psiquiatria y Salud Mental*, v. 13, n. 2, p. 90-94, 2020. Disponível em: https://doi.org/10.1016/j.rpsm.2020.04.009. Acesso em: 2 out. 2021.

WINTREBERT, D. Faut-il distinguer états limites et borderline? *L'Information psychiatrique*, v. 92, p. 45-48, 2016. Disponível em: https://www.cairn.info/revue-l-information-psychiatrique-2016-1-page-45.htm?contenu=resume. Acesso em: 8 dez. 2021.